自闭谱系障碍儿童早期干预丛书　　　丛书顾问　方俊明
　　　　　　　　　　　　　　　　　　丛书主编　苏雪云

# 如何发展自闭谱系障碍儿童的自我照料能力

倪萍萍　周　波　编著

图书在版编目(CIP)数据

如何发展自闭谱系障碍儿童的自我照料能力/倪萍萍,周波编著. —北京:北京大学出版社,2014.3
(自闭谱系障碍儿童早期干预丛书)
ISBN 978-7-301-23788-5

Ⅰ.①如… Ⅱ.①倪…②周… Ⅲ.①孤独症-儿童教育-特殊教育-高等学校-教材 Ⅳ.①G760

中国版本图书馆 CIP 数据核字(2014)第 015877 号

| 书　　　名：如何发展自闭谱系障碍儿童的自我照料能力
| 著作责任者：倪萍萍　周　波　编著
| 责　任　编　辑：唐知涵
| 标　准　书　号：ISBN 978-7-301-23788-5/G·3779
| 出　版　发　行：北京大学出版社
| 地　　　址：北京市海淀区成府路 205 号　100871
| 网　　　址：http://www.pup.cn　新浪官方微博:@北京大学出版社
| 电子信箱：zpup@pup.cn
| 电　　　话：邮购部 62752015　发行部 62750672　编辑部 62753056
| 　　　　　　出版部 62754962
| 印　刷　者：北京宏伟双华印刷有限公司
| 经　销　者：新华书店
| 　　　　　　720 毫米×1020 毫米　16 开本　14 印张　240 千字
| 　　　　　　2014 年 3 月第 1 版　2014 年 3 月第 1 次印刷
| 定　　　价：32.00 元

未经许可,不得以任何方式复制或抄袭本书之部分或全部内容。
版权所有,侵权必究
举报电话：010-62752024　　电子信箱：fd@pup.pku.edu.cn

# 丛书总序

自从1943年,美国精神病医生坎纳(Kenner)首次报道了11例自闭症儿童以来,人们越来越深地认识到自闭症是一种差异性很大的广泛性发展障碍(Pervasive Developmental Disorders,PDD)。当今学术界把自闭症儿童称为自闭谱系障碍(Autism Spectrum Disorders,ASD)儿童。自闭谱系障碍包括卡纳型自闭症、阿斯伯格症这两种主要类型,还包括瑞特综合征(Rett's Disorder)、儿童期分裂障碍(Childhood Disintegrative Disorder)和不确定的广泛性发展障碍(PDD-NOS),被称为"特殊儿童之王"。

为了引起世界各国的广泛关注和高度重视,联合国将每年的4月2日定为世界自闭症日。近年来,许多发达国家的政府、基金会、高等学校和研究机构都增加了研究投入,希望能早日攻克困扰全球的自闭谱系障碍儿童医疗、教育和康复问题。当代自闭谱系障碍的研究已经越出了儿童精神学的范畴,成为儿童精神病学、特殊教育学、语言学、心理学和社会科学等多学科共同关注的研究课题。

从多学科和交叉学科的研究路径来看关于自闭谱系障碍的研究主要有以下几方面：一是从医学、生物学、生理学、神经科学、精神病学的角度，围绕着遗传基因、脑功能、神经传导、精神障碍等问题进行了大量的基础研究，特别关注基因如何影响脑神经的形成和自闭谱系障碍儿童的生物性成因。二是从特殊教育学、儿童心理学、发展心理学的角度，采用实验研究和临床研究相结合的方法来探讨自闭谱系障碍儿童的行为特征、信息加工过程以及评估、干预、训练和教育的原理和方法，并挖掘自闭谱系障碍儿童可能凸显的潜能。三是采用实用语言学和实验语言学的方法来研究自闭谱系障碍儿童的语言发展、语言使用能力、语言活动的神经过程等。四是从社会学、管理学、预防学、人口学、统计学的角度来探讨如何通过社会组织（如人口计生委、妇幼保健机构、残联、社区机构、婴幼儿机构）和社会工作者帮助儿童家长对新生儿童、婴幼儿、高危儿童进行早期筛查、综合评估和鉴定，以便及早地发现和进行早期治疗、康复、干预、训练和教育，同时建立儿童发展的信息库，帮助政府和相关部门制定相应的方针政策。

近年来，这些跨学科与交叉学科的研究形成了一个重要的共识：早期发现、干预和教育是目前唯一有效地降低障碍程度，促进自闭谱系障碍儿童发展的途径。

为了将上述跨学科和交叉学科的研究成果运用于实践，将早期干预的基本理念转化为日常的教育康复活动，北京大学出版社在

2011年推出一套22本的"21世纪特殊教育创新教材"的基础上,又新推出一套"自闭谱系障碍儿童早期干预丛书"。

这套自闭谱系障碍儿童早期干预丛书,由华东师范大学学前教育与特殊教育学院苏雪云博士主编,她曾于2007年到2008年在美国乔治敦大学医学院围绕自闭谱系障碍早期干预进行博士后研究,回国后一直从事自闭谱系障碍和早期干预研究与实践;分册作者均为高校特殊教育学系教师、学前教育学系教师,有丰富的教学与科研实践经验,或者华东师范大学特殊教育学研究生,在研究生导师的指导下,结合自己的教学实践和论文研究参与了分册的共同编写,其比较鲜明的特点如下:

一是读者范围明确,即面对广大自闭谱系障碍儿童的家长和在基层学校、幼儿园从事自闭谱系障碍儿童教育康复工作的一线教师。

二是选题得当,作为一套用来指导自闭谱系障碍儿童家长和教师教育、干预工作的指导手册,各分册选择了自闭谱系障碍儿童发展过程中最突出的社会沟通、人际交往、生活自理、感知运动、认知特点等主要问题进行详细的阐述。

三是内容新颖,丛书各分册都反映了目前国内外有关自闭谱系障碍儿童研究的最新成果,例如,有关社会脑和认知神经科学方面的研究成果、早期干预和社会综合治理的理念、综合评估的方法、行为干预的原理与游戏治疗的方法等。

四是深入浅出，通俗易懂，适合于基础工作者和广大儿童家长的专业阅读水平，避免了经院学究型的旁征博引。

五是突出三"实"，即结合我国当前自闭谱系障碍儿童教育与康复工作的实际，采用大量实证性的案例，充分地显示出作为资源手册，有效地指导广大自闭症儿童家长和一线教师日常活动的实用性。

作为一个特殊教育工作者，我殷切地希望，北京大学出版社两套特殊教育丛书的先后问世，将有力地推动我国特殊教育事业的发展，提高我国自闭谱系障碍儿童的教育和康复水平。

华东师范大学　终身教授
特殊教育研究所　所长
中国高等教育学会特殊教育研究会理事长
方俊明
2013年8月5日

# 写给家长的话

面对一个新生命的来临,每一个母亲和家庭都满怀期待,充满憧憬,而每一个小宝宝生命里最值得信赖也最依赖的就是爸爸妈妈,家庭里多了一个新成员,会给我们带来很多快乐,也带来很多的挑战。第一次喂奶,第一次换尿布,直到看着他对着我们微笑,学会爬,学会站立和自己行走……

每一个孩子都是独一无二的,但当我们发现自己的孩子真的那么特殊的时候,我们会情愿自己的孩子跟别人家的孩子一样。当我们在甜蜜地假想宝宝"会先叫爸爸还是妈妈"的时候,宝宝已经两岁了还什么话都没有,有时候喊他的名字也不理睬我们,宝宝对其他小朋友也没有特殊的兴趣,然后还有一些很冷门的爱好,和我们无法理解的行为……当医生告诉我们,孩子可能是自闭症,或者有自闭症倾向的那一刻,我们还是无法相信,曾经的憧憬和希望似乎崩塌了。

我自己也是一个妈妈,孩子出生时难产,出院后就开始早期干预……因此每一次面对儿童和家庭,那些担忧和焦虑,感同身受。但同时也有一种迫不及待地想要鼓励每位妈妈和爸爸坚强起来去

发展自闭谱系障碍儿童的自我照料能力

采取积极行动的热望和冲动。

在我国，随着1982年首次报道自闭症，相关的研究和教育训练都在发展，很多家长在儿童2岁前就已经发现了"哪里不对"，但我们的一个调研发现，从家长发现儿童的行为异常，比如"不会主动跟大人有情感的表达""对人没有兴趣""叫他的名字没有反应"等，到家长首次去医院进行检查之间平均有13.7个月的滞后期。而即便在医院得到了诊断，到真正去寻求服务也有6.5个月的滞后期。当然这只是一个平均数字，来咨询的很多家长也有在第一时间就采取行动的。

自闭谱系障碍曾经被视为是很罕见的一种障碍，大约1万例新生儿里有3例，但目前根据美国疾病预防中心的最新数据，自闭谱系障碍的发生率已经为每88人中有1例（CDC，2012），其发生率高于很多常见的障碍，已经从过去很罕见的疾病发展为较为常见的发育障碍性疾病，甚至超过脑瘫及唐氏综合征的患病率，排在儿童精神发育障碍的首位。但我国目前还没有确定的关于这一障碍的统计数据，根据2006年我国第二次全国残疾人抽样调查结果显示，0～6岁精神残疾儿童（含多重）占该年龄段儿童总数的1.01‰，其中自闭症儿童占精神残疾儿童总数的36.9%，约为4.1万人。虽然没有关于流行率的确定结论，但一般认为我国现有400万到1000万的自闭谱系障碍患者，其中包括100万到300万的儿童。

作为自闭谱系障碍中被研究最多的自闭症，也被称为"特殊儿童之王"，自闭症的病因还不明确，较为一致的看法是"这由于脑的发展、神经化学和遗传等因素的异常所引起",尚无有效的针对自闭症核心障碍的药物治疗途径,同时这类儿童大多数还伴有智力发育障碍、学习障碍、癫痫等其他障碍或疾病,其干预和教育一直是难点。作为一种起病于婴幼儿期的发展性障碍,通常在3岁前其症状就已显现,包括:沟通和社会交往的质的损伤;狭窄的、重复的、刻板的行为模式、兴趣与活动,且很多患者在成年后依然存在这些领域的缺陷,特别是在社会交往方面有严重障碍,在日常生活和谋生技能方面有严重缺陷,成为伴随终生的一种障碍,对患者及其家庭造成极大压力,同时也给社会带来很大的问题。

目前自闭谱系障碍的干预方法仅在美国就有上百种之多,由于这一障碍的个体内差异和个体间差异都非常巨大,每个儿童可能适用的有效的干预方法也不尽相同。自闭谱系障碍的治疗和干预领域,目前达成的共识有这样几点:第一,自闭谱系障碍早期干预十分关键,越早干预,愈后越好;第二,多学科协作的干预模式,全面地从儿童的各个领域进行综合干预,包括语言和言语治疗、社会交往技能训练、行为干预、感觉统合等;第三,在融合的环境内提供给自闭谱系障碍儿童与典型发展儿童互动的机会,有助于自闭谱系障碍儿童的发展;第四,家庭和家长在早期干预中的参与和为家长提供支持和培训,有助于自闭谱系障碍儿童的发展;等等。

而我国目前的早期干预机构远远不能满足儿童和家庭的需求,特别是0~3岁阶段,家长们在第一时间发现,第一时间进行干预,是极为关键的。诊断并不是最重要的，早期干预的目标并不是确定儿童的障碍是什么，而是当儿童可能存在特殊发展需要的时候，我们第一时间给予儿童相应的支持和调整，为儿童的发展提供机会和经验，然而很多家长，甚至干预老师不知道如何与自闭谱系障碍的儿童进行互动，也不知道如何开展有效的早期干预，即使是有经验的教师也时常会觉得"巧妇难为无米之炊"，因此在很多家长和干预老师的建议下，我们硬着头皮做了这次勇敢的尝试，编写了"自闭谱系障碍儿童早期干预丛书"。

这套丛书的编写得到了很多老师的帮助和支持，非常荣幸地由方俊明教授担任丛书顾问，并由杨广学、王和平、周念丽、杨福义和周波各位教授分别参与分册的编写和指导工作。这套书是在我负责的浦江人才项目"自闭谱系障碍儿童家庭早期干预体系研究"和教育部人文社科青年基金"自闭谱系障碍儿童融合教育支持系统研究(12YJC880090)"和家庭干预的实践成果基础上，由各位作者辛苦完善编写的。在此非常感谢每一位作者的智慧和热情。也非常感谢北京大学出版社的李淑方编辑的支持和督促。丛书的初稿从2009年开始起草，到2011年逐步完善成书，经历了一个艰苦的过程，在写作过程中我们也始终惶恐，自闭谱系障碍的早期干预本身就是一个非常复杂的内容，我们仅仅能在我们的能力范围内与大家分享我们所知道的"皮毛"，期望可以抛砖引玉，各位家长和老师在使用本丛书的过程中，能与我们分享你们的体会和意见，或者你们有更好的游戏创意,一起来完善丛书,欢迎写信到early4ASD@163.com。

每一个儿童都是独一无二的,自闭谱系障碍的儿童具有更特殊的独一无二的特性,我们也知道每个儿童的发展都是很多因素共同促成的,为了方便使用和写作,这套丛书还是分别从不同的角度和领域进行了分册编写。

《如何理解自闭谱系障碍和早期干预》(苏雪云)从整体上给出理解自闭谱系障碍儿童和开展早期干预的一些指南,特别是整合运用其他分册的一些操作建议,包括最新的关于自闭谱系障碍的新进展、家长心态调整、如何开展早期干预等。

《如何在游戏中干预自闭谱系障碍儿童》(朱瑞、周念丽)关注的是游戏在早期干预中的作用,自闭谱系障碍儿童的游戏能力也存在缺陷,其他各个领域的能力可以在学会游戏、进行游戏的过程中得到发展。

接下来的五本分册都将关注"游戏/活动",为家长选取不同领域的游戏提供一些理论指导、儿童发展的基本知识(发展里程碑)等,主体部分为一个一个游戏或者活动。其中《如何发展自闭谱系障碍儿童的沟通能力》(朱晓晨、苏雪云)和《如何发展自闭谱系障碍儿童的社会交往能力》(吕梦、杨广学)两本针对的是自闭谱系障碍儿童的核心障碍——沟通和社会交往存在质的缺陷;《如何发展自闭谱系障碍儿童的自我照料能力》(倪萍萍、周波)单独成册是考虑到很多与自闭谱系障碍儿童一起成长的家长,在自己的孩子成年后都不约而同地认为"自我照料"和生活独立是非常关键的;《如何发展自闭谱系障碍儿童的感知和运动能力》(韩文娟、徐芳、王和平)则为我们提供了丰富的促进感知运动发展的游戏干预方法和活动参考,这也是因为很多自闭谱系障碍儿童在这个领域也存在很多挑战;《如何发展自闭谱系障碍儿童的认知能力》(潘前前、杨福义)独立成册也是家长和教师们的建议,认知能力是基础和综合的能力,也是很多自闭谱系障碍儿童无法自然发展的能力。

这套丛书没有完全覆盖儿童发展的各个领域,主要是根据我们在与自闭谱系障碍儿童和家庭一起开展早期干预的经验的基础上,选取了我们认为较为核心的和干预资料较为丰富的领域来编写,肯定还有其他的内容也是非常重要的,值得日后在实践和研究中不断完善。

再次感谢您选择了这套丛书,这套丛书编写的过程中我们非常强调"基于实证",各位家长和干预教师可以根据自己孩子的情况进行选择使用,这套书不仅实用于已经被诊断为自闭症或者自闭症倾向的儿童,也适合发展迟缓的儿童和可能存在高危发展的儿童。让我们一起努力,为我们的孩子创设一个有意义的童年世界,和我们的孩子一起成长吧!

苏雪云　博士　副教授

华东师范大学特殊教育学系

华东师范大学自闭症研究中心

2013年8月7日

# 目　录

**第一部分　一起来了解儿童的自我照料能力** ……………… 1
 一　什么是自我照料？ …………………………………… 2
 二　自我照料重要吗？ …………………………………… 9
 三　普通儿童是怎样学会自我照料的 …………………… 14
 四　自闭谱系障碍儿童在自我照料方面
   可能会遇到哪些困难？ ……………………………… 19
 五　教自闭谱系障碍儿童自我照料时需要注意些什么？
   ………………………………………………………… 25

**第二部分　看看你的孩子的发展水平** …………………… 33
 一　试试下面的检核表吧！ ……………………………… 34

**第三部分　做一做，让宝宝快快长大！** ………………… 41
 一　饮食 …………………………………………………… 42

1. 小嘴动起来（吮吸） ············································· 42

2. 喝点汤汤水水什么的（吃流食） ································ 43

3. 牙牙乐（咀嚼） ················································· 44

4. 和舌头捉迷藏（舌的灵活度） ··································· 46

5. "啊呜"一大口用嘴唇将食物从勺子上抿下来 ······· 47

6. 小手用起来（学拿瓶子） ········································ 49

7. 我会用我的小杯杯啦！
   （在家长辅助下用杯子喝水） ································· 50

8. "牙牙"清道夫（用牙齿清洁下嘴唇） ······················ 52

9. 用手抓东西吃 ···················································· 54

10. 我会用我的小杯杯啦-2
    （自己用双手拿杯子喝水） ··································· 55

11. 我会用我的小杯杯啦-3（单手拿杯子喝水） ············· 57

12. 勺子喂一喂（将勺子放到嘴巴里） ························· 59

13. 勺子舀一舀（用勺子舀吃的） ································ 60

14. 我能行（能整洁地自己吃饭） ································ 62

15. 吸管的使用 ······················································ 64

16. 用用小筷子（筷子的使用） ··································· 65

17. 我该在哪个盘子里（辨别食物的可食性） ················· 67

18. 客人来了，请喝水吧！（从茶壶往杯子里倒水） ··· 69

19. 排队慢慢进嘴巴

目　录

　　（掌握合适的喂食与吞咽速度）…………………… 71

　20. 我会用饮水机啦！（到水龙头处接水喝）………… 73

　21. 爱吃蛋奶星星（向碗里倒进食物）………………… 74

　22. 我来搅一搅（将固体食物在液体中搅拌均匀）…… 76

　23. 寻找宝藏（用大勺子、饭勺等）…………………… 77

　24. 从水台上取水喝……………………………………… 79

　25. 我的家在哪里（摆放碗筷）………………………… 80

二　个人卫生………………………………………………… 82

　（一）洗漱……………………………………………… 82

　26. 我来拍拍水（喜欢玩水）…………………………… 82

　27. 流口水了没？（检查上下颌的咬合功能）………… 83

　28. 我爱洗手手（儿童能部分参与洗手）……………… 84

　29. 自己洗手手（学会洗手）…………………………… 86

　30. 小手擦干干（用擦手巾擦干双手）………………… 87

　31. 我爱洗澡，皮肤好好！（能用毛巾擦身体）……… 89

　32. 能自己洗脸…………………………………………… 90

　33. 整理秀发……………………………………………… 91

　34. 捉出鼻涕虫（允许他人帮他擦鼻子）……………… 93

　35. 自己来捉鼻涕虫-1

　　（提供纸巾时能自己擦鼻涕）……………………… 94

　36. 自己来捉鼻涕虫-2（自己取纸巾、擦鼻涕）……… 95

37. 擦擦小脸蛋（当脸上有脏物时能用纸巾主动擦去） …………… 96

38. 鼻孔吹大风（自己擤鼻涕） …………………………… 98

39. 漱口 …………………………………………………… 100

40. 能配合刷牙 …………………………………………… 101

41. 我来挤牙膏 …………………………………………… 102

42. 我会刷牙啦！（独立刷牙） ………………………… 104

（二）如厕 ……………………………………………… 106

43. 能表明换尿布的意愿 ………………………………… 106

44. 乖乖换尿布（配合成人换尿布） …………………… 107

45. 屁屁干干爽爽（能保持2~3小时不尿湿） ………… 109

46. 我会嘘嘘（会坐着小便） …………………………… 110

47. 坐着拉臭臭（在便盆上时能大便） ………………… 112

48. 按时排便训练 ………………………………………… 113

49. 我想上厕所！（告知如厕需要，很少出"意外"） …………………………………… 115

50. 我会上厕所啦！（能自己上厕所，擦屁屁除外） ………………………………………… 117

51. 能自己擦屁屁 ………………………………………… 118

三 着装 …………………………………………………… 120

52. 哈，又见面了！（穿衣/脱衣时的合作） ………… 120

53. 我要出来!(能脱掉只有部分穿在身上的
 简单衣物) ………………………………………… 121
54. 这个很容易(脱掉小件衣物) …………………… 123
55. 哗啦一下就拉开(能够拉开拉链穗
 较大的拉链) ……………………………………… 124
56. 上上下下的帽子(戴帽子) ……………………… 126
57. 能自己脱开衫、夹克衫和宽松裤等 …………… 127
58. 脱鞋 ……………………………………………… 128
59. 脱外套 …………………………………………… 130
60. 我会穿裤子了!(会穿裤子和袜子) …………… 131
61. 引蛇出洞(会穿T恤) …………………………… 132
62. 给娃娃脱衣服(解纽扣) ………………………… 134
63. 扣纽扣 …………………………………………… 135
64. 拉上拉链 ………………………………………… 136
65. 穿毛衣 …………………………………………… 138
66. 蝴蝶飞飞(学系蝴蝶结) ………………………… 139
67. 我是小小服装师(认识并简单搭配衣物) ……… 141
68. 穿衣的综合运用 ………………………………… 142

四 休闲与自我管理 ………………………………… 144

69. 妈妈来了,我不哭(在拿到或碰到奶瓶/
 母亲时不哭泣) …………………………………… 144

70. 轻摇、抱着或对其讲话时不哭泣 …………… 145

71. 平静下来 …………… 147

72. 能自我安慰 …………… 148

73. 我不是粘人宝宝(能自己短暂地玩一会玩具) … 150

74. 自己玩玩乐-1(能自己游戏一会) …………… 151

75. 自己玩玩乐-2(能自己游戏一会) …………… 152

76. 自己玩玩乐-3(能自己游戏一刻钟) …………… 154

77. 各归其位(整理玩具) …………… 156

78. 和玩具捉迷藏(探索) …………… 158

79. 探索外面的世界 …………… 159

80. 小兔过马路 …………… 161

81. 安全的世界(规避危险) …………… 163

82. 我们都是好朋友(与其他儿童一起玩) …………… 165

83. 这个玩具该怎么玩呢?
    (能功能性地使用玩具) …………… 166

84. 乖乖听话(听从指令) …………… 168

85. 是新的一天!(适应日常规则的改变) …………… 170

86. 安全知多少 …………… 171

87. 搬运蛋宝宝 …………… 173

88. 开饭喽,我来帮忙(摆放餐具) …………… 175

89. 家长小助手(完成一些简单的家务) …………… 176

90. 有人来啦！（回应门铃） …… 178

91. 买卖游戏 …… 180

92. 能在便利店购买简单的物品 …… 181

93. 叮铃铃，电话铃响了
（能接听电话或叫他人接电话） …… 183

94. 稻草人（学会安静等待） …… 184

95. 名字游戏 …… 186

96. 安静排队 …… 188

97. 派对计划者 …… 189

五 一些头疼的问题怎么办 …… 192

98. 宝宝要睡觉觉了（入睡不哭闹） …… 192

99. 安静睡觉 …… 194

100. 睡觉时间的限制与调整 …… 196

101. 在助眠物体的帮助下再次入睡 …… 198

102. 爱上新食物 …… 199

## 第四部分 资源推荐 …… 201

一 推荐儿童书 …… 202

二 推荐家长书目 …… 203

三 推荐 app …… 204

四 推荐网站 …… 205

第一部分

# 一起来了解儿童的自我照料能力

# 一 什么是自我照料？

"自我照料"这个词我们很熟悉，但要说清这个词的含义却并不容易。与这个词含义较近，也常常被等同起来的一个词是"生活自理"，然而自我照料包含的内容却大于生活自理，自我照料的大部分技能涉及一个人的生活自理能力。自我照料与适应行为也有一定的关系。衡量一个人是否具有自我照料的能力，主要是看这个人是否养成一系列的适应行为，来应对独立生活时可能遇到的各种困难。另外，其他诸如自我帮助、社会适应、自我料理等，也是网络上常常出现，与自我照料相关的词。

那么自我照料到底指什么呢？简单来说就是一个个体在独立生活时，应学会的基本技能。一般包括着装、就餐、盥洗等，施塔贝尔（Aaron Stabel）也将休闲和娱乐看做自我照料的一个部分。我们将从两个方面来讨论自闭症儿童的自我照料能力及其培养。第一部分是有关孩子在日常生活中照料自己生活基本需求的能力，比如自己穿脱衣服、鞋袜，收拾、整理衣服和床铺，独立完成就餐和盥洗，自己洗脸、洗脚和洗手，养成良好生活习惯等。第二部分有关孩子的休闲娱乐与活动中的自我管理能力,主要指的是儿童如何安排空余时间,如何安全地进行游戏以及使用社区设施,是否具备基本社会事务能力,如乘公交车、过马路、购物等。

**专栏1-1**

### 休闲技能到底重不重要?

休闲就单单是疯玩吗?绝非如此简单,休闲是指在空余时间内以各种"玩"的方式求得身心的调节与放松,达到生命保健、体能恢复、身心愉悦之目的的一种业余生活。休闲一方面在于促进身体压力的释放,另一方面在于提供精神上的满足。

本书将休闲技能作为自我照料技能的一种,就是源于休闲能为自闭谱系障碍儿童带来种种好处。当儿童发展了合适的休闲技能,在无人陪伴的时候,他知道如何找人陪伴玩耍,知道如何一个人消磨无聊的时光。试想,当一个人,没有音乐可以欣赏,没有商场可以逛,没有电子游戏可以玩,没有任何一项自己喜欢的事情可以做,只能呆坐在椅子上,傻傻躺在床上,该是何等的度秒如年。因此本书建议,应为孩子发展一项兴趣爱好,教会孩子恰当地消磨时光的方法,如有节制地看电视、逛商场、玩游戏等。这些不仅仅是简单的玩,而是儿童有质量生活的必要保证。休闲技能的培养直接关系到儿童生活的幸福感、社会接受度哦!

和绝大多数行为的养成一样,自我照料技能也是分步骤、逐渐养成的,每一种技能又都是由很多细小的行为程序链组成,当这些行为程序链自动进行时,我们可以说就学会了某种技能。这就好像我们学习骑自行车一样,当我们踏上自行车以后,就需要双手把住车头,双脚踩踏脚踏板,双腿轮流向前蹬,身体还要注意平衡。对于没学会骑车的人来说,这个好像很复杂,但是对于已经学会骑车的人来说,看到自行车就知道该怎么做了,骑车的一系列动作自动进行,他甚至想不起来在学习的时候是多么笨拙地一个动作一个动作的慢慢熟练。自我照料技能也是这样,当孩子还没有学会如何刷牙洗脸的时候,这可真是一项复杂的工作,有那么多的步骤要做,可是对于我们成人来说,早晨起来,这一切不用动脑就自然而然地做好了。自我照料技能就是由一长串的简单动作连接起来所组成的一套动作序列。儿童需要按顺序学习每一个步骤,并慢慢练习,才能学会。

但是自我照料技能并不像学会骑自行车那么简单,自我照料技能还要求个体能根据时间、地点的变化,做出相应的调整。如:穿衣服时不仅能区分衣服的前后、纽扣的位置,还应该考虑衣服是否适合于特定的天气或场合;不同的社会场景下就餐的礼仪也不同。因此,自我照料不是单纯地学会某个技能并不断重复,而是与其他发展领域的发展密切相关,如认知、动作发展等。现在你该明白了,让孩子学会自我照料技能并不是一件轻松的事情,想必你也感悟到了作为父母,教孩子生活琐事的不易了吧。

普通儿童并不需要经历漫长的学习过程就能掌握自我照料的动作技能,一般在5岁以前普通儿童就已经基本学会了这类基本技能,尽管可能在细节上并不是做得那么好。自闭症儿童则常常无法很好地掌握这些技能,学习过程要花费更多的时间,父母或老师在教授动作技能时,方法上也应和教授普通儿童有所不同。

### 专栏1-2

**感知觉动作发展如何影响自闭谱系儿童自我照料技能的掌握?**

自我照料技能从行为的角度来分析,就是一连串动作的整合。那么你就很容易理解,儿童的动作技能发展是自我照料技能的基础。儿~童很早就开始发展动作技能了,而且还会开动他们的小脑筋来协助他们的动作呢。有研究发现,4个月的婴儿已经能够采取不同的策略去抓取物品了,当抓大物品的时候,他们会选择用双手,当抓小物品的时候,则选择用单手。[①] 5个月的孩子能根据物品的大小调整双手之间的距离。[②] 不得不承认,婴儿也是很聪明的。

---

[①] Newell, K. M., Scully, D. M., McDonald, P. V., & Baillargeon, R. (1989). Task constraints and infant grip configuration. Developmental Psychobiology, 22(8), 817-832.

[②] Van Wermeskerken, M., Van der Kamp, J., & Savelsbergh, G. J. P. (2011). On the relation between action selection and movement control in 5-to 9-month-old infants. Experimental Brain Research, 211, 51-62.

## 如何 发展自闭谱系障碍儿童的自我照料能力

感知运动能力与穿衣、洗漱等生活自理技能紧密相关,特别是儿童的手眼协调能力,精细动作能力直接影响着儿童吃、穿、行的方方面面。自闭症儿童对某些刺激的高度敏感也会影响他们自理技能的学习。自闭谱系障碍儿童在动作技能上与普通儿童相比,存在一些落后,最差的几项技能在于定位动作(爬、走等)、物品操作(玩球等)、抓握,这些不足可能是他们的动作流畅性、动作计划性存在缺陷导致的。这样的不足使得自闭症儿童在几乎所有的自理技能的学习上需要花费更多的时间与精力,因为他们需要花费更多的时间来熟练掌握每一套自我照料的动作。而精细动作上的不足,则会使得自闭症儿童在洗澡、如厕等需要大量精细动作的生活自理技能上遇到困难。但是家长也不需要为孩子在动作技能上的不足过度担心,因为自我照料的各项活动恰恰是练习动作技能的一个好机会。试想,与其让孩子花费整整一个小时无趣地挑红豆绿豆,不如让孩子自己来慢慢学习使用勺子,学习自己擦脸。动作技能发展和自我照料技能发展是一个相互促进的过程,"熟能生巧"这个成语用在这里还蛮贴切的,所以就请家长,大胆让孩子来做他们本应学会的事情吧!

当然,家长在刚开始教授的时候,可是要注意孩子所使用的物品,因为物品的光滑度和大小都会影响儿童抓握物品①,进而影响到孩子自我照料技能的学习。一开始使用一些孩子专属的物品,更容易帮助孩子获得成功感,孩子也会更喜欢独立完成自己的事。

> **专栏1-3**
>
> ### 自我照料技能与智商水平有什么关系呢?
>
> 智商水平对于孩子的影响是广泛而深远的,因此不难理解智商水平可能是特殊孩子独立生活能力的一个预测指标。② 儿童的自我照料技能与其智商水平密切相关,且是未来独立生活的一个有效的预测指标。有研究发现,随着时间推移,智力较高的自闭症群体在训练下能够更多地展现出在适应技能上的进步,而自闭同时伴有智力障碍的个体所取得的进步则要小得多,甚至没有表现出明显进步。
>
> 但这并不意味着特殊儿童的智商水平越高,其自我照料技

---

① Cicuto, N. A., Rocha, F., et. al.. (2012). Adaptive actions of young infant in the task of reaching for objects. Developmental Psychobiology, 26, 275-283.

② Carter, A. S., Gillham, J. E., Sparrow, S. S., & Volkmar, F. R. (1996). Adaptive behavior in autism. Mental Retardation, 5, 945-960.

发展自闭谱系障碍儿童的自我照料能力

能就越好。例如,在自闭谱系障碍患者中,一些智力处于临界水平(IQ65-75)的个体,常常具有良好的适应技能,有较强的独立生活能力;而那些智力水平正常甚至超常,却常常仅具有有限的适应能力,在独立生活方面常常存在着较为严重的缺陷。这样的差异很可能来源于成人对智力水平正常的自闭症儿童的认知过度关注,而忽略了自我照料能力的培养。

此外,在自闭谱系障碍儿童身上,智力的发展与自我照料的发展并不平衡。克林(Klin)及其同事(2008)对平均年龄为两岁的自闭症儿童进行了为期两年的跟踪研究发现,尽管儿童在发展(developmental)和适应技能上都取得了一定的进步,但是两者之间的距离越来越大,儿童包括自我照料技能在内的适应技能,越来越多地落后于其发展水平。① 研究者法拉雷(Farley)发现适应技能较之认知因素更具对成年后独立生活能力的影响力。② 这也提示家长,想要让自闭谱系儿童真正成为一个独立的人,也应关注其在自我照料技能上的训练。

---

① Klin, A., Saulnier, C., Chawarska, K., & Volkmar, F. R. (2008). Case studies of infants first evaluated in the second year of life. In K. K. A. V. F. R. Chawarska(Ed.), Autism spectrum disorders in infants and toddlers: Diagnosis, assessment, and treatment(pp. 141-169). New York, NY: Guilford Press.
② Farley, M. A., McMahon, W. M., Fombonne, E., Jenson, W. R., Miller, J., Gardner, M., et al. (2009). Twenty-year outcome for individuals with autism and average or near-average cognitive abilities. Autism Research, 2(2), 109-118.

自我照料重要吗？

　　自我照料常常被家长所忽视，因为它实在是太琐碎了，几乎渗透在每一日的一切活动之中。也有的家长缺乏耐心来教授孩子自我照料的技能，往往未等孩子熟练某个动作，就已经帮助或代替孩子完成了。那么，让儿童学会自我照料重要吗？答案是肯定的，自我照料对于所有儿童来说都十分重要。

　　自我照料能力是一个人最基本的能力，是为满足一个人生理和精神生活最基本需求所必需的自我服务能力，也是一个人平等参与社会、享受幸福生活的基本前提，是社会适应能力的一部分。儿童进入幼儿园或托儿所时，家长和教师首要关心的是一个孩子的自我照料技能，能不能自己吃饭，会不会报告上厕所，能不能自己简单地穿衣服，这直接关系着孩子能不能适应幼儿园生活。学龄期时，孩子除了应能完成基本生活处理外，还应掌握一些基本社会规则，并能作出适当的行为，这关系到孩子能否进入学校环境学习。到了成年期，自我照料能力的高低影响一个人所能从事的工作和所能融入的社会环境。对于自闭谱系障碍等特殊儿童而言，自我照料技能则

**发展自闭谱系障碍儿童的自我照料能力**

更为关键。

> **专栏1-4**
>
> ### 自我照料与生活适应有什么关系呢?
>
> 《上海市辅读学校九年义务教育课程方案》(试行稿)中强调了以生活适应为核心,培养学生的自理能力和社会适应能力。自理能力是自我照料的核心内容之一,由此可见,自我照料技能是儿童适应生活的基础。在《上海市辅读学校生活课程指导纲要》(征求意见稿)中,低年级段的目标主要是让儿童学会饮食、穿衣、如厕、整理个人物品等基本技能,养成良好的卫生习惯以及自我保护技能,中年级段则提到了培养儿童良好的饮食习惯和卫生习惯,要求学生学会简单的家务劳动和学校劳动。这些都说明了自我照料的各项技能在帮助儿童适应其生活中的重要作用。
>
> 如果孩子不会穿衣、不会洗漱,不会使用社区中的服务,不会购物,那等到某一天家长离开之后,孩子还能否自己生活呢?自我照料的种种技能,就在于帮助儿童走向独立,独立地适应其日常生活,并尽量活得幸福和快乐。

随着随班就读工作的不断展开,越来越多的特殊儿童也进入到了普通学校上学。那么普通教师对于随班就读学生有哪些期望呢?

在国外，接纳随班就读（全纳教育）学生学校的教师和儿童照料中心的教师会更侧重儿童的社会、行为和功能性的技能领域，如合作性的非攻击行为、维护盥洗室整洁等，更少注重数数、字母命名等学术领域的水平。这对于我们来说是个很好的借鉴。因此，想要让儿童能够顺利进入普通学校，第一步便是帮助儿童养成良好的卫生习惯、自理技能，以及培养其良好的与同伴以及教师进行互动合作的能力。

如果家长的愿望是将儿童送到普通幼儿园甚至是普通小学就读，那么自我照料技能更应成为一项必要的训练内容。有资料表明幼儿应该为上学做好准备，在学前经历中掌握好自我照料、了解与遵从教室规则与常规等技能，并通过独立完成任务与游戏发展独立性。同时独立就餐、如厕、遵从规则、理解对话、发起对话等活动能帮助儿童体验成功感，能使儿童在活动中逐渐培养出信心。

在幼儿园或学前班中，很多儿童已经掌握了诸如就餐、睡觉、如厕等生活自理技能，一些儿童甚至能完成比较复杂的穿衣脱衣动作，能够掌握这些自我照料的技能是儿童能够离开照料者，拥有独立生活能力的重要一步。

拥有良好自我照料技能的个体才更有可能在将来求职的时候被雇用，因为单位无需花费太多的时间来支持个体工作之外的需求。对于自闭谱系者等特殊个体来说，不会成为求职单位的累赘是能否被雇用的重要前提。

## 如何 发展自闭谱系障碍儿童的自我照料能力

在现实生活中,很多家长关注的重点往往是儿童的认知能力,尤其是读写能力,而不是儿童生活技能的掌握与养成。一些自闭症儿童甚至到近10岁,还是无法完成诸如穿衣、如厕等简单的生活自理内容。缺失这些基本而又重要的技能后果很严重,会阻碍他们随后步入社会。其实自闭症儿童经过有效的训练之后是能够掌握生活自理技能的,甚至能掌握一些相当复杂的自我照料技能。但如果家长没有意识到生活自理技能的重要性,没有有意识地对自闭症儿童进行训练,他们可能一辈子都需要依赖照料者生活,家长一辈子都将成为其"贴身保姆"。"永远的贴身保姆"不但不利于自闭谱系患者独立生活,也使得家长在生活中无暇顾及自我,生活品质大大降低。

### 专栏1-5

### 怎样的人才更受人喜欢

当下青年恋爱流行一句话,叫做:"长相决定会不会在一起,内在决定在一起多久。"什么叫做长相好呢?这绝不是单纯的面容姣好。它的含义比这丰富得多,但基本的一点就是"干净整洁"。

在未进行深入了解之前,人们对一个人的第一印象,往往是从服饰上得来的,因为穿着可以表现一个人的个性。要对方

> 了解你的内在美,尚需时日,而衣着,则一目了然。服装整洁、朴素,给人第一眼就留下一个美好的印象。
>
> 　我们想一想,孩子如果无法完成自我照料的技能,外表将会是什么样?蓬头垢面,甚至还可能臭气熏天,这样的孩子别人会喜欢吗?

发展自闭谱系障碍儿童的自我照料能力

## 三 普通儿童是怎样学会自我照料的

关于普通儿童到底是怎样学会自我照料的,这个问题还真不好回答,因为很少有资料对儿童如何学习这些"琐碎"的技能进行描述。大多数学者和家长都将重点放在了儿童认知发展、动作发展等方面。尽管如此,我们还是通过文献资料以及生活观察,了解了一些普通儿童如何学习自我照料的知识。

在儿童生活的前六年,他们花了大量时间观察、学习、练习这些他们日后需要用到的基本技能。在普通儿童掌握自我照料技能时,家长和教师常常在儿童需要运用到这些技能的时候,教授儿童这些技能的要领,给儿童提供帮助。当儿童渐渐能够自己用这些技能的时候,家长就慢慢让儿童自己来完成,久而久之,儿童便学会了这些技能。可以说,普通儿童是在日常生活中积累这些技能的。

此外,家长以及幼儿园教师也会有意无意地以游戏、儿歌等形式来教授儿童这些基本的技能。普通儿童学习自我照料基本是一个"寓教于乐"的典型。0~6岁的儿童花很多时间在玩上面,每天至少有 2 个小时用于游戏。他们通过观察家长、老师、医生、商场服务员或是邻居老奶奶等人对他们的照料,学习照料自己,再通过游戏中的角色扮演来学习自我照料的技能,并在游戏中加以练习。我们稍加留心,就会发现常见的儿歌,很多都是以儿童自我照料的某一部分内容为主题的,如《洗手歌》、《洗澡歌》等。我们还可以留心一下普通儿童的游戏内容,不难发现,儿童很喜欢扮演成人角色(当妈妈、当爸爸),他们欢乐地照顾着自己的小宝宝,给他们洗澡、穿衣、吃饭。不错,这些也是儿童练习自我照料技能的途径。现在很多幼儿园的主题活动,也是围绕着自我照料技能设计的,尤其是在小班和中班,更是如此。

### 专栏1-6

## 阿宝的耳朵

阿宝不爱洗耳朵,泥土积了半寸厚。

一天到外面走呀走,一粒种子飞近耳朵沟。

春天到,太阳照,耳朵里长出一株草。

小牛见了眯眯笑,追着阿宝吃青草。

这是一个以儿歌形式编制的小故事,很幽默,儿童也很喜欢。就是在这样简短、有趣的儿歌中,儿童了解了洗耳朵的重要性。幼儿就是以这种方式来了解自我照料技能,进而在生活中练习这些技能的。如果你想了解更多关于生活自理的儿歌，可以参考第四部分推荐的资料哦！

注意啦！只教儿歌是不够的，还要让儿童在生活中练习这些技能哟！

儿童发展自我照料技能需要考虑的关键点是：儿童日常生活的活动有哪些，怎样进行这些活动，这些活动通常是和谁一起进行的。但在现实世界中，很多活动都受到限制，如儿童学习技能时未必能遇到合适的练习的机会，比如儿童生病时才会去医院，通常无须自己购物等。亲爱的家长们，创造机会让孩子来学习和练习这些基本技能很重要，尽量让儿童做自己能做的事情，只在必要时给儿童适当的帮助。

**专栏1-7**

### 父母花在孩子身上的时间差异

孩子都是父母的宝，那么父亲与母亲在孩子身上投入的时间有差异吗？有什么差异呢？让我们来看一看吧！

以下是一份东西欧国家相关情况的研究，虽然不是本土研究，但也能让我们略知一二呢，来看看吧！

在工作日时，东欧国家的父亲在与孩子相关的活动上所花费的时间是西欧国家父亲的两倍，而在周末东欧国家父亲花在孩子身上的时间也比西欧国家父亲多三分之一。但其实，不论是东欧还是西欧国家，父亲花在孩子身上的时间都不多（西欧每天17分钟；东欧每天30分钟）。这可远远不能跟母亲花在孩子身上的时间相比。在职母亲东西欧国家每天均花费1个小时左右时间在孩子身上，而来自东欧的全职母亲，会花费75分钟，西欧的则花费84分钟。当在家里的时候，母亲比父亲更愿意为孩子念故事书，几率为50%。

这个研究很早，约是50年前的研究结果，不过虽然时间在推移，父母们在孩子身上所花费的时间却似乎没怎么变。一项较近的研究，几乎得出了相似的结果。

另一份关于北美的研究报告《A Child's Day: 2000》中也谈到了儿童与父母的互动情况。在一天当中，77%的儿童可以至少与其中一位家长共餐，73%的儿童至少被其中一个家长表扬三次，75%的孩子可能被家长逗乐、与家长对话三次。

## 专栏1-8

### 孩子们醒着的时候都在干什么？

你知道孩子醒着的时候都在干什么吗？下面是国外一项对3~5岁儿童日常活动的研究，让我们一起来看看，这些小家伙在一天中到底在做些什么呢？

玩耍：在工作日的时长大约达3.5个小时；在周末的时长达4.5个小时；

看电视：2个小时；

吃饭：1.5个小时；

被成人照料：1~3个小时；

看书或阅读故事：7~12分钟；

参与家务劳动：15分钟；

与学业有关的活动：2~5分钟（取决于儿童是否上幼儿园，上怎样的幼儿园）。

不同年龄段的儿童在这些活动上的时间会有所不同，年龄越小，被成人照料的时间越多，玩耍的时间越多，随着年龄渐长，孩子会花更多的时间在阅读上，但是不论在学前的哪个年龄段，游戏和被成人照料，都是儿童活动的核心内容。

##  自闭谱系障碍儿童在自我照料方面可能会遇到哪些困难？

特殊儿童在自我照料上的表现通常较普通儿童相去甚远，不同障碍类型的孩子遇到的问题可能各不相同。自闭谱系儿童在自我照料上跟其他障碍儿童一样会遇到很多问题，且问题出现得更为频繁。接下来，我们就来看一看，这些令人头疼的问题吧！

### 进食问题

进食问题常常是研究所关注的。儿童的进食问题也是父母最关注的问题之一，儿童吃得好不好直接影响到其生长发育。一般来说进食问题主要包括：不当的就餐行为（如：乱扔食物、就餐时发脾气），缺乏自主的就餐技能等。最轻微的进食问题是挑食偏食。总的来说，50％以上的自闭症儿童会在不同程度上表现出选食范围狭窄的问题[①]，这也与自闭症儿童对某些食物有过敏反应或耐受性

---

① 黄伟合.用当代科学征服自闭症：来自临床与实验的干预教育方法[M].上海：华东师范大学出版社，2008.

差有关。而较为严重的进食问题,则包括拒绝吃东西、一些口唇运动障碍导致的进食困难(常见于年幼儿)等。经常性的吐奶、呕吐则属于极端的进食问题。①

进食困难会影响儿童的营养物质摄入,进而影响其正常生长,进食问题在普通婴幼儿中也常常发生。25%~40%的学步儿童和学前儿童有进食问题。根据父母的报告,33%的婴儿和52%的学步儿童"在就餐时间不感到饥饿",42%的学步儿童"刚吃几口就不吃了",35%的学步儿童非常挑食,33%的学步儿童对食物有强烈的偏好,62%的学步儿童父母在进食方面有多重担忧。严重的进食问题在肢体残疾儿童(26%~90%)、智力障碍儿童(23%~43%),以及体弱儿童(Medical Illness),早产儿童和出生时的低体重儿童(10%~49%)中更为常见。

在自闭谱系儿童身上,最多提到的就是偏食问题,他们拒绝吃某种食物,或拒绝进食某种口感的食物,这些还会导致他们就餐时的问题行为。

另一个被提及的进食问题是自闭儿童的饮水问题,拒绝摄入充足的水分。和偏食问题的儿童一样,饮水拒绝的儿童在被要求喝新的饮料或不喜欢的饮料时表现出行为问题。拒绝饮水或饮水不足不仅可能引起儿童便秘,也可能使儿童呕吐,限制他们摄入成

---

① Babbitt, R. L., Hoch, T. A., Coe, D. A., Cataldo, M. E., Kelly, K. J., Stackhouse, C., & Perman, J. A. (1994). Behavioral assessment and treatment of pediatric feeding disorders. Journal of developmental and Behavioral Pediatrics, 15, 278-291.

长所需的能量。自闭谱系儿童的快速进食问题还没有得到详细的研究。

**专栏1-9**

## 异食障碍知多少

异食障碍指的是个体吃一些不可食用的物品,如烟蒂、头发丝、砂石等。

异食障碍,是另一种自闭谱系中常见的进食问题。流行率研究还显示了大约9.5%~25%患有发展障碍的儿童会表现出异食障碍。这些患有异食障碍的儿童可能会在寻找异食物时,表现出攻击行为或参与危险的活动;也可能因他人限制其进食异食物而表现出攻击等。十个自闭症患者中可能有一个会有异食问题。身体内缺乏某种元素如铁、锌,常可以使人产生不正常的食物偏好,从而引起异食行为。因此在进行异食行为干预之前,应先到医院检查儿童是否缺乏某种元素,如果儿童确实缺乏某种元素,则应服用含有该元素的补充物。还有一些儿童的异食障碍是因为无法辨别食物是否可食。这就需要先教儿童辨别物体的可食性与不可食性。在自闭症患者中,对于口腔刺激的需要也可以是导致异食问题的一个重要原因。

**如何** 发展自闭谱系障碍儿童的自我照料能力

## 如厕问题

一般而言自闭谱系儿童在如厕方面遇到的困难不是很大,这也与父母比较关注儿童的如厕问题,给予其较多训练有关。有研究指出,自闭谱系障碍儿童在如厕方面可能存在一定的迟缓。同时男孩的如厕技能的养成会比女孩迟一年左右。另外,部分自闭症儿童由于触觉较为敏感,在寻求触觉刺激时,常会表现出小便行为,有时会在公众场合表现小便欲求,甚至抚摸生殖器。

专栏1-10

### 普通儿童如厕技能的发展顺序

2～3岁能口头报告上厕所的需要,需要把尿的时间为1个小时左右。在报告上厕所之后,能忍一会,到达厕所再尿。

3～4岁仅偶尔出现尿裤子的现象。晚上想要上厕所,也能报告。

4～5岁能自己上厕所。上完厕所之后会记得冲厕所、洗手并擦干。但偶尔也需要提醒。

5～6岁可以在不需要提醒的情况下自己上厕所,并做好一系列的后续工作。

## 睡眠问题

睡眠问题,包括异睡症(Parasomnias)和睡眠障碍(Dyssomnias),在自闭谱系儿童中是十分常见的。异睡症指的是儿童睡眠的时间点,或睡前行为的异常,而睡眠障碍则指的是儿童睡得过多或过少。估计约有44%~83%的自闭儿童伴有睡眠障碍[①]。一组研究发现,73%的自闭谱系障碍儿童存在睡眠问题,而典型发展的儿童中伴有睡眠问题的则为50%。尽管正常儿童也会有晚上入睡困难或清晨过早醒来等现象,但是在自闭症儿童中,与睡眠相关的问题程度要严重得多。如正常发展的儿童即使晚上醒来,因为害怕黑暗会仍旧躲在被窝中,而自闭症儿童因为想象力的缺失,以及缺乏应有的恐惧,因此在半夜醒来后他们往往会独自乱跑,不仅惊扰到家人的正常休息,也存在潜在的危险因素。

自闭谱系儿童的睡眠问题可能有生理方面的原因,也可能跟父母与儿童之间特定的互动方式有关。如孩子曾经经常使用哭闹的方式来表达不愿睡觉或不愿独自入睡、想跟父母待在一起,或想获得其他的满足,一些家长则会因此而做出让步。这样就会不知不觉形成父母对儿童睡眠问题的奖励或者强化。长此以往,儿童将养成没有父母在身边或是愿望得不到满足就无法自己入睡的习惯。

---

① Williams, P. G. , Sears, L. L. , & Allard, A. (2004). Sleep problems in children with autism. Journal of Sleep research, 13,265-268.

## 休闲问题

自闭谱系儿童由于存在社交技能的缺陷、刻板以及兴趣狭隘等问题,在休闲与娱乐技能上也表现出了不足。自闭谱系儿童一般喜欢一个人就可以进行的活动,如拼图、积木等,对于多人参与的活动则不是很感兴趣,甚至不愿意参与。这可能是由于他们的沟通技能比较缺乏,在参与多人游戏时,不能很好地理解整个活动中自己所承担的角色,以及不能很好理解他人的意图。自闭症儿童的行为表达往往与普通儿童不同,会造成沟通困难。

自闭谱系儿童在休闲技能上的一大问题是,他们固着于某种特定的活动,重复进行。同时,在休闲活动时,经常固执地按自己的方式进行,不能接受游戏方式的改变与调整。这很大地限制了儿童其他技能的发展。在没有可进行的休闲娱乐活动时,他们不知道该做什么,往往只会重复简单的刻板动作。

五 教自闭谱系障碍儿童自我照料时需要注意些什么?

教授自闭谱系障碍儿童自我照料技能与教授普通儿童这些技能时,有很多的相似之处,但也有一些值得注意的地方。以下是本书作者列出的几点建议。

### 恰当的评估孩子的自我照料技能[①]

在确定加强孩子哪些自我照料技能之前,应首先对孩子的自我照料技能进行客观而恰当的评估,评估结果将作为技能训练的重要依据。在评估中,要防止两种倾向。一种是过高估计孩子的能力,理所当然地认为他们应该很容易学会所教的技能。这类家长要么对孩子提出的要求高于孩子的能力,使孩子总是处在挫折之中,进而出现消极情绪,抵触学习;要么在孩子表现不佳时,缺乏相应的耐心,进而变得沮丧,甚至放弃训练。另一种是过低估计孩子的能力,

---

① 朱迪斯·班杜拉—乌兹.特殊需要婴幼儿评估的实践指导[M].钱文,刘明,主译.上海:华东师范大学出版社,2005.

**如何** 发展自闭谱系障碍儿童的自我照料能力

这类家长未做尝试,就主观认为孩子在很多方面是无能的,认为孩子需要接受他人照料,而不做技能训练的努力。这两种倾向都是不利于孩子学习自我照料技能的,恰当的评估能使之后的训练起点准确、要求适度,训练效果可见,也能增强训练者的信心。

自我照料技能从行为角度来讲,是一系列动作的前后连接。因此,一些标准化的量表对自我照料技能的评估结果并不能为教育提供太多信息。两个同样是不会穿衣的儿童,一个可能什么都不会,另一个可能只是在区分衣物正反面与前后上存在困难。我们建议,在真实的情境中观察儿童的自我照料技能,对特定的自我照料技能进行一步一步地分解,找准儿童到底在哪一步遇到了困难,然后再设计教学的内容与方法。如,遇到孩子不会穿鞋子,你可以先想一想自己是怎么穿鞋的,先区分左右,再把脚挤进鞋子里,拉起后跟,系上鞋带或粘上搭扣。找一找儿童在哪个环节出了问题,如果是无法分清左右,那么就可以考虑在穿鞋的时候提醒儿童;如果是不会系鞋带,根据儿童的具体情况,一则可以考虑给儿童选择搭扣式的鞋子,另一则可以教授儿童系鞋带的方法,这可能需要对系鞋带这个步骤进行进一步的分解。

关于如何评估儿童的自我照料技能在本书的第二部分会详细讲解,您可以翻到第二部分,仔细阅读,了解更多哦!

## 提供恰当的帮助

每个人都知道当儿童完不成某项任务时,应该提供帮助,但并非每个人都明白该提供多少帮助。

在提供帮助时,最少的帮助便是最好的帮助,过分的帮助会造成一些不良影响,应尽可能地让儿童自己独立去完成任务。如,当儿童学习用水壶喝水时,怎样拿水壶可能并不成问题,但是怎样旋开水壶盖子,对于儿童来说可能就比较困难。这个时候成人要做的并不是帮儿童把水壶盖打开,而是将水壶盖拧松一些,再让孩子自己来。这样做的目的是帮助儿童在任务较简单的时候,顺利拧开盖子。儿童在这个过程中不仅获得了成功感,也练习了拧盖子的动作技能,下一次,成人可以不把盖子拧得那么松,进一步帮助儿童练习,直至儿童能自己独立拧开盖子。这需要成人对儿童动作的发展技能有熟悉的了解,可以参考本套丛书有关动作发展的内容,您也可以在本书的第二部分获得这方面的一些内容。

一些儿童会常常不加尝试就放弃,对于这类儿童要引起足够的重视。不要轻易满足儿童提出的要求,要鼓励他们独立完成任务,给予他们温馨的提醒:"进门之前要注意什么呀?要记得自己脱掉鞋子哦!"当他们自己完成任务时,哪怕是最简单的任务,如洗手、脱掉鞋子等,也可以给予鼓励。鼓励的方式可以是给予他们喜欢的食物,或是满足他们提出的要求,也可以是父母语言或肢体动作上对孩子的赞扬。

## 培养儿童的成就感

跟普通儿童一样,自闭谱系障碍儿童也喜欢成功的感觉。四五

发展自闭谱系障碍儿童的自我照料能力

岁时,他们自己穿上T恤的时候,不论衣服是否穿反,能穿上,就能让他们得意上一会,他们小脸上的表情就很好地说明了这一点。

试想儿童系了很久的鞋带,终于有点模样,却被你立马解开,并迅速地重新系好,儿童幼小的心灵里,是否会认为自己真的很糟糕,这么简单的事情都做不好。如果成人一味地代替包办,儿童会越来越依赖大人,越来越不愿意自己尝试着做。因为成人的过度帮助,让儿童感到"我或许就是什么事情都做不好的,我就是很不行的!"

在自我照料技能的培养过程中,家长要尽可能多地鼓励儿童,让儿童自己来完成。在刚开始的时候,任务难度可以小一些,让孩子更有可能获得成功。只有当儿童不断体验到成功的感觉时,他们才会愿意尝试新的任务,才会愿意挑战难的任务。怎样挑选适合自己孩子相应年龄的活动,以及设置相应的活动难度,对于家长来说可能是一个挑战。我们建议您参考第二部分的活动表格,挑选适合孩子的年龄水平的活动,同时家长也需要细心观察孩子平时在这些活动中的表现,对活动作一些相应调整。

对儿童进行描述性的表扬,也能帮助他们建立自信。描述性的表扬指的是,具体地说出儿童做得好的地方,如,欢快地告诉孩子:"你今天拉拉链特别快嘛!"而不是简单地表扬,"真棒!""真厉害!"描述性表扬,可以帮助儿童明确自己在哪些方面确实做得不错,这个非常重要。

## 在学习自我照料技能时,渗透其他技能的教学[①]

学习自我照料技能应与其他领域的发展联合起来,这一则有利于儿童的整体发展,也可以使得活动更为丰富。

认知沟通能力可以与自我照料技能的培养结合在一起。就餐活动是一个很好的活动载体。有句俗话这样讲:学习,一半在课堂上,一半在餐桌上。就餐活动的主要目标是如何使用餐具以及吃,但它却为其他很多认知沟通技能提供了泛化的机会。如在饭桌上穿插食物的名称、颜色等,请求的发起与回应,分享等。比如"绿"这个颜色认知,可以在吃绿叶菜的时候进一步巩固,让儿童了解菠菜、青椒、豆角、莴苣都是绿色的。而沟通技能则渗透在每一个自我照料技能的学习过程中。在穿衣过程中,鼓励儿童表达自己喜欢的衣物,自我决定也可以渗透在自我照料技能的培养中。如在穿衣时,可以让儿童简单地选择一下今天穿哪一件T恤,喜欢搭配哪一条裤子。在选择中播种自我决定的种子。选择能力,是儿童以后自我决定能力的基础。

此外,自我照料技能本身就是对感知运动能力的一种强化和训练。在倒水,使用筷子、勺子,洗手和洗澡时,儿童就在不断地练习精细动作能力、动作协调能力。如在刷牙这个活动当中,挤牙膏这

---

[①] K.E.艾伦,J.S.施瓦兹.特殊儿童的早期融合教育[M].周念丽,苏雪云,张旭,李伟亚,译.上海:华东师范大学出版社,2005.

# 如何发展自闭谱系障碍儿童的自我照料能力

个动作就很好地锻炼了儿童的手眼协调与手部肌肉力量的控制。

## 个别化的自我照料技能培养方案

自闭谱系障碍儿童个体之间的差异很大,可以说,每个儿童都是一个独一无二的个体。每个儿童在各个领域的发展也各不相同,因此要促进儿童的自我照料技能的最佳发展,最好的做法就是将这部分的训练目标写入个别化教育计划当中。

**专栏1-11**

### 这些技能学会了,就可以一劳永逸吗?

自我照料技能并不是学会了就可以一劳永逸的。"熟能生巧"这个道理在自我照料技能的教学上同样适用。自我照料技能需要不断地在"做中学",儿童才能熟练地应用。

随着儿童年龄的渐长,自我照料技能对儿童的要求是不同的。一个两岁的儿童能够抓握勺子,自己试着吃饭,尽管把饭掉在地上,成人也觉得很不错。但是如果一个六岁的儿童还是把饭菜掉得到处都是,那么就显得不太合适了。因此让儿童不断地练习,逐步提高儿童的技能,儿童慢慢地进步,这对儿童和成人来说,都是一件好事。儿童学得轻松,成人教得轻松。

## 专栏1-12

### 自我照料技能养成的雷区，你踩到了吗？

普通儿童学习自我照料技能是一个逐渐累积、不断练习的过程，自闭谱系儿童也是如此。但在自闭谱系儿童学习自我照料技能的过程中，有一些需要特别注意的地方，你可要牢记在心哦！

1. 孩子做得太慢了，不如我来做呢：我的孩子做这些实在太慢了，太烦人了，我一顺手就搞定了，他做不如我来做呢！千万不可因眼前孩子在完成洗澡、吃饭方面造成的混乱景象，花费的过多时间，而总是代替包办。如果孩子没有机会亲自去练习这些基本的生活技能，你将会在某些生活小事上花费很多不必要的时间，也让自己陷入无止境的"保姆生活"。这样不仅孩子无法在将来真正独立，你也将背上沉重的包袱。

2. 认知才是最重要的，其他的我并不关心：一些家长十分关注儿童的认知发展，将儿童发展的重心全部放在认知发展之上，而不重视自我照料技能的发展。无可厚非，认知发展确实重要，它是个体成功的关键要素之一。但是自我照料也很关键，这是儿童独立生活的必备技能。教育的目的不仅仅在于让个体掌握知识，更重要的是让个体独立，让个体成功适应社会。自我照料技能就是让个体独立、适应社会的基石。

发展自闭谱系障碍儿童的自我照料能力

3. 自我照料，孩子长大了就会了：很多家长会误以为随着儿童的年龄增长，儿童自然而然就学会了这些生活的基本技能。不论是普通儿童还是自闭谱系儿童，都需要在不断的练习中掌握这些技能。但确实，一些自我照料技能的训练受制于儿童的成熟度，如随着儿童的成熟，如厕训练会变得容易一些。但这并不意味着，儿童长大了，就自然会掌握这些技能。关于儿童各项技能成熟的时间，可以参考第二部分。此外，自闭谱系儿童可能还需要更多的时间练习这些技能，因为他们可能在理解自我照料的休闲部分时会遇到一些额外的困难，如购物中的规则遵守，不同就餐环境下的礼仪要求等。

第二部分

# 看看你的孩子的发展水平

如何 发展自闭谱系障碍儿童的自我照料能力

# 一、试试下面的检核表吧！

使用方法：

根据每个条目，对儿童的行为进行评估，若儿童已经能够完成对应的条目，说明儿童已经达到了该年龄段的发展水平；若儿童无法完成两个连续的评估条目，说明儿童目前还没有达到相应的发展水平，你可以在本书第三部分寻找该年龄段的干预内容，对儿童进行训练。

表 2-1　自我照料——饮食

| 年龄（月份） | 条目 | 推荐活动 |
|---|---|---|
| 0～3 个月 | ● 能从奶嘴顺畅地吸奶<br>● 当被触碰脸颊时，偶尔出现觅乳反射 | 1. 小嘴动起来（吮吸） |
| 3～6 个月 | ● 偶尔才咬住勺子不放<br>● 很少噎奶（只有当必要时）<br>● 能大声咀嚼食物（嘴上下张开大咬）<br>● 能有目的地作舌头运动<br>● 能用嘴唇将食物从勺子中抿下<br>要注意咯！<br>● 6 个月时，把手指放到儿童口中，儿童开始不再吮吸 | 4. 和舌头捉迷藏<br>5. "啊呜"一大口用嘴唇将食物从勺子上抿下来 |

续表

| 年龄(月份) | 条目 | 推荐活动 |
|---|---|---|
| 6~12个月 | ● 能拿住一个瓶子(母乳喂养者省去)<br>● 能配合着从成人所拿住的杯子中喝水<br>● 能吃嚼碎的食物不呕吐<br>● 能用牙齿清洁下唇<br>● 能用舌头将食物从口腔一侧挪到另一侧并顺畅地咀嚼<br>● 能用手抓取食物 | 6. 小手用起来(学拿瓶子)<br>8. "牙牙"清道夫(用牙齿清洁下嘴唇)<br>9. 用手抓东西吃 |
| 12~15个月 | ● 不需要帮助就能用双手捧着杯子喝水<br>● 能将勺子拿到嘴边,并将勺子上的食物吃掉<br>**注意咯!**<br>● 12个月之后,儿童应不再出现咬紧反射 | 10. 我会用我的小杯杯啦-2(自己用双手拿杯子喝水)<br>12. 勺子喂一喂(将勺子放到嘴巴里) |
| 15~18个月 | ● 能用勺子从碗里面舀食物,允许有一些食物洒出<br>● 能咀嚼<br>● 断奶或不再用奶瓶<br>● 不需要帮助就能两只手拿着杯子喝水 | 13. 勺子舀一舀(用勺子舀吃的) |
| 18~24个月 | ● 在几乎没有帮助的情况下,使用勺子也不怎么会洒出<br>● 能用吸管喝水<br>● 能用婴儿碗和勺子自己吃饭<br>● 能区分可食与不可食的事物 | 15. 吸管的使用<br>17. 我该在哪个盘子里(辨别食物的可食性) |
| 24~30个月 | ● 能一只手拿着杯子,并从中喝水<br>● 能独立喝水 | 11. 我会用我的小杯杯啦-3(单手拿杯子喝水) |
| 30~36个月 | ● 能将水从一个容器倒到另一个容器中,如倒饮料 | 18. 客人来了,请喝水吧!(从茶壶往杯子里倒水) |
| 36~42个月 | ● 会拿着苹果、梨等类食物吃<br>● 用勺子往碗里盛饭 | |

续表

| 年龄(月份) | 条目 | 推荐活动 |
|---|---|---|
| 42~48个月 | ● 使用筷子 | 16. 用用小筷子(筷子的使用) |
| 48~54个月 | ● 用刀切食物<br>● 会在餐前摆好碗筷及桌椅 | 25. 我的家在哪里(摆放碗筷) |
| 54~66个月 | ● 能帮助收拾餐桌<br>● 不抢自己爱吃的食物<br>● 吃饭时有正确姿势 | 19. 排队慢慢进嘴巴(掌握合适的喂食与吞咽速度) |

表2-2 自我照料——个人卫生：洗漱

| 年龄(月份) | 条目 | 推荐的活动 |
|---|---|---|
| 6~12个月 | ● 能享受玩水 | 26. 我来拍拍水(喜欢玩水) |
| 12~18个月 | ● 配合洗手和擦干手<br>● 能接受刷牙 | 28. 我爱洗手手(儿童能部分参与洗手)<br>40. 能配合刷牙 |
| 18~24个月 | ● 能接受擦鼻子<br>● 自己洗手可能需要帮助<br>● 在给予纸巾的情况下,自己擦鼻子<br>● 尝试刷牙,但需要很多帮助 | 34. 捉出鼻涕虫(允许他人帮他擦鼻子)<br>35. 自己来捉鼻涕虫-1(提供纸巾时能自己擦鼻涕) |
| 24~30个月 | ● 自己擦干手 | 30. 小手擦干干(用擦手巾擦干双手) |
| 30~42个月 | ● 能在帮助下,自己刷牙<br>● 能用擦身布擦洗身体<br>● 开关水龙头 | 41. 我来挤牙膏<br>31. 我爱洗澡,皮肤好好!(能用毛巾擦身体) |
| 42~60个月 | ● 会自己用指甲剪剪指甲<br>● 自己刷牙,不需要帮助 | 42. 我会刷牙啦!(独立刷牙) |
| 60~66个月 | ● 会自己洗脚<br>● 会清洗自己的小衣物 | |
| 66~72个月 | ● 会倒垃圾<br>● 自己洗澡 | |

表 2-3 自我照料——个人卫生：如厕

| 年龄（月份） | 条目 | 推荐的活动 |
| --- | --- | --- |
| 15～18 个月 | ● 在需要换尿布或裤子时有所表示 | 43. 能表明换尿布的意愿 |
| 18～21 个月 | ● 在换尿布时很合作 | 44. 乖乖换尿布（配合成人换尿布） |
| 21～24 个月 | ● 能在一天中保持干爽 2～3 个小时 | 45. 屁屁干干爽爽（能保持 2～3 个小时不尿湿） |
| 24～30 个月 | ● 当放在厕盆上时会小便<br>● 当放在厕盆上时会大便 | 46. 我会嘘嘘（会坐着小便）<br>47. 坐着拉臭臭（在便盆上时能大便） |
| 30～36 个月 | ● 在想上厕所时会表达意愿，很少发生如厕意外<br>● 能自己使用厕所，擦屁屁除外 | 49. 我想上厕所！（告知如厕需要，很少出"意外"）<br>50. 我会上厕所啦！（能自己上厕所，擦屁屁除外） |
| 42～48 个月 | ● 男孩能站着小便<br>● 能解入便池/槽 | |
| 48～60 个月 | ● 能自己上厕所（包括穿裤子、清洁）<br>● 夜间不尿床/起床上厕所 | 51. 能自己擦屁屁 |
| 60～72 个月 | ● 能正确区分男女厕所 | |

表 2-4 自我照料——着装与"修饰"

| 年龄（月份） | 条目 | 推荐活动 |
| --- | --- | --- |
| 9～12 个月 | ● 在穿脱衣裤时表现出配合 | 52. 哈，又见面了！（穿衣/脱衣时的合作） |
| 12～18 个月 | ● 能脱去宽松的衣服<br>● 能解开鞋带，脱下帽子<br>● 会脱袜子 | 53. 我要出来！（能脱掉只有部分穿在身上的简单衣物）<br>54. 这个很容易（脱掉小件衣物） |
| 18～24 个月 | ● 能拉开配有大拉环的拉链<br>● 戴上帽子<br>● 能脱去简单的衣物（开衫、夹克衫、直筒裤）<br>● 会解蝴蝶结 | 55. 哗啦一下就拉开（能够拉开拉链穗较大的拉链）<br>56. 上上下下的帽子（戴帽子） |
| 24～30 个月 | ● 脱鞋<br>● 脱衣服，除了难脱的套头衫<br>● 穿上简单的衣裤（睡裤、鞋子、袜子） | 58. 脱鞋 |

续表

| 年龄（月份） | 条目 | 推荐活动 |
| --- | --- | --- |
| 30~36个月 | • 在没有帮助的情况下，会自己穿衣服、除扣纽扣等<br>• 会拉拉链<br>• 穿袜子<br>• 能解开纽扣、鞋带、搭扣等<br>• 能分辨衣物的前后<br>• 能分辨鞋子的左右 | 63. 扣纽扣<br>64. 拉上拉链 |
| 36~48个月 | • 能辨别衣物的正反<br>• 穿毛衣<br>• 穿鞋带 | 65. 穿毛衣<br>66. 蝴蝶飞飞（学系蝴蝶结） |
| 48~60个月 | • 会脱长袜，如长筒丝袜<br>• 会脱棉毛裤、毛裤<br>• 会穿棉毛裤、毛裤 | |
| 60~66个月 | • 女孩会脱连衣裙<br>• 系鞋带<br>• 能脱雨衣 | |
| 66~72个月 | • 能穿雨衣<br>• 会打雨伞<br>• 会折叠简单的衣物<br>• 会帮助晾衣物 | |

表2-5 自我照料——休闲与自我规范

| 年龄（月份） | 条目 | 推荐活动 |
| --- | --- | --- |
| 0~6个月 | • 当触摸到母亲的乳房或奶瓶时停止哭泣<br>• 当跟其讲话，抱着他，或轻摇他时，儿童变得安心<br>• 被抱起来的时候，就会安静下来<br>• 能自我安慰 | 69. 妈妈来了，我不哭（在拿到或碰到奶瓶/母亲时不哭泣）<br>71. 平静下来 |

续表

| 年龄(月份) | 条目 | 推荐活动 |
|---|---|---|
| 6~12个月 | ● 在一个较短的时间内能用玩具自娱自乐<br>● 在同一房间时,能从最初照料者那里离开 | 73. 我不是粘人宝宝(能自己短暂地玩一会玩具)<br>74. 自己玩玩乐-1(能自己游戏一会) |
| 12~18个月 | ● 能离开最初照料者视线,玩耍一段较短的时间<br>● 能从盒子或玩具架上取物品自己玩<br>● 能独自玩玩具15分钟<br>● 能避开危险的物品 | 75. 自己玩玩乐-2(能自己游戏一会)<br>76. 自己玩玩乐-3(能自己游戏一刻钟)<br>81. 安全的世界(规避危险) |
| 18~24个月 | ● 能将玩具放到正确的地方<br>● 对陌生的地方、物品感兴趣<br>● 能容忍被带到多种不同的环境中去 | 77. 各归其位(整理玩具)<br>79. 探索外面的世界 |
| 24~30个月 | ● 能避免绝大多数的危险<br>● 能和一小群伙伴玩耍 | 82. 我们都是好朋友(与其他儿童一起玩) |
| 30~36个月 | ● 了解玩具有及不具有的功能,正确地玩玩具 | 83. 这个玩具该怎么玩呢?(能功能性地使用玩具) |
| 36~48个月 | ● 有危险时,会告诉大人<br>● 感到疼痛时会告诉大人<br>● 能遵守团体规范 | |
| 48~60个月 | ● 能独自到邻居家<br>● 能够左右看,过马路 | 80. 小兔过马路 |
| 60~72个月 | ● 能独自到离家较近的公共场所<br>● 懂得应对陌生人<br>● 懂得应对陌生场景 | |

第三部分

# 做一做,让宝宝快快长大!

 发展自闭谱系障碍儿童的自我照料能力

# 一 饮 食

## 1. 小嘴动起来(吮吸)

**我们为什么这样做?**

吮吸和吞咽是婴幼儿生存的基本技能,也是婴儿与生俱来的基本反射,我们这样做的目的在于检验婴幼儿是否发展正常。

**儿童需要准备的**

无。

**成人需要准备的**

婴儿奶瓶或者妈妈本人。

**开始行动吧!**

- 吸引婴幼儿的注意,确保在喂奶之前宝宝看到了妈妈的乳房或者奶瓶。

- 帮助婴幼儿调节姿势与角度,以保证其有一个舒适的吮吸姿势。

- 仔细观察儿童,特别是婴幼儿,确保他们能够较好地抓住奶嘴。

**我们还可以这样!**

- 还可在奶嘴头上涂上少量蜂蜜,再放入宝宝口中。如果宝宝不肯吮吸,就将奶嘴拉出来再放回嘴中。
- 为了促进宝宝吞咽,成人还可以用手指抚摸宝宝的下颚至喉部。

🔔 **特别要注意的事情**

- 宝宝应能够在出生后的几天之内吮吸与吞咽。吮吸问题常常是神经功能障碍的警示信号,如果宝宝无法吮吸,请立即咨询儿科专家、言语治疗师等专业人员。
- 当宝宝躺着的时候千万不能给予奶瓶,特别是那些移动能力尚受限制的婴幼儿。这不仅可能使婴幼儿被呛到,更可能使无法吮吸的奶水顺着脸颊流入婴幼儿外耳道引起感染。

**掌握了吗?**

宝宝能从奶嘴中吮吸奶水,不被呛到。

## 2. 喝点汤汤水水什么的(吃流食)

**我们为什么这样做?**

当婴幼儿长到 3 个月左右的时候,就要开始练习吃一些流质食物了,这可以为以后的咀嚼与就餐做好基本的准备。

## 如何 发展自闭谱系障碍儿童的自我照料能力

> **儿童需要准备的**
>
> 无。
>
> **成人需要准备的**
>
> 小勺子,碗,流质食物。

**开始行动吧!**

- 将宝宝抱起,让宝宝呈半直立姿势。用小勺子将少量流质食物喂进宝宝口中。
- 把食物放在宝宝舌的正中位置。
- 等宝宝吞咽之后,再喂下一勺。

🔔 **特别要注意的事情**

- 如果宝宝不吞咽,可以在食物中加入少量冰沙,当冰沙碰到舌头的时候,可以引起婴儿反射性的吞咽动作。

**掌握了吗?**

宝宝能吃一些流质的食物,不呕吐。

### 3. 牙牙乐(咀嚼)

**我们为什么这样做?**

教授儿童运用上下颌进行咬合,练习运用舌将食物进行搅拌的能力。

> **儿童需要准备的**
>
> 儿童上下咬肌的肌张力良好,能够比较灵活地张开或者闭上嘴巴。
>
> **成人需要准备的**
>
> 碎末式的婴儿食品,婴幼儿谷物食品,小勺子。

**开始玩吧!**

- 将食物用勺子放在儿童嘴里,观察儿童的反应。如果儿童能够用舌头把食物推出来的话,就将下一勺食物放在嘴的某一边。如果儿童用舌头将食物吐出,可能一开始是反射性的,而不是对食物的拒绝。
- 观察儿童的下颌如何上下咬动,并如何用舌头抵着上腭将食物弄碎。如果儿童没有这样做,成人就需要用手托着宝宝的下颌,帮助他咀嚼。

**我们还可以这样玩!**

- 每天两次喂给儿童煮烂的食物(Pureed),选择多种不同的食物,儿童因此能够获得不同食物质感的体验。可以用儿童食物研磨机来研磨食物。

## 如何 发展自闭谱系障碍儿童的自我照料能力

🔔 **特别要注意的事情**

- 如果儿童在6个月之后仍继续将口中的食物吐出,或没有发展出一个咀嚼的模式,父母就应咨询治疗师。

**掌握了吗?**

当儿童口含食物时,能够上下颌配合进行咀嚼,并用舌头搅拌食物。

### 4. 和舌头捉迷藏(舌的灵活度)

**我们为什么这样做?**

练习舌的灵活性,让舌头能上下左右"做运动"。

**儿童需要准备的**

无。

**成人需要准备的**

蜂蜜或其他儿童爱吃的食物,压舌棒(可用小勺子或筷子代替)。

**开始玩吧!**

- 在压舌棒上面沾一点儿童喜欢的食物,在其舌头上轻轻点一下,让儿童尝到食物的味道。

- 让儿童用舌头来"追逐"压舌棒,成人可以将压舌棒放在儿童上腭、嘴唇上下部、左右嘴角,让儿童用舌头来触碰他们。
- 如果儿童能非常出色地完成就给予奖励。当然在触碰过程中,儿童尝到喜爱的食物,这本身也是一种奖励。

### 我们还可以这样玩!

- 在吃饭的时候,如果成人没有观察到儿童的舌部运动,可以喂给儿童一勺黏黏的食物,如燕麦或果酱,在儿童的上腭、嘴巴前部或牙龈和脸颊之间,观察儿童是如何用舌头将食物弄下来的。如果儿童在这个活动上存在一定的困难,只在每次就餐时进行几分钟的训练,如将儿童喜爱的食物放在嘴巴的前部以训练其用舌头将食物挪至口中。

### 🔔 特别要注意的事情

- 花生酱常常用来训练儿童舌部的运动能力,但必须很小心地使用,因为花生酱对一些儿童来说不容易消化,甚至可能引起过敏。

### 掌握了吗?

儿童的舌头能够自如地在口腔内外活动。

## 5. "啊呜"一大口用嘴唇将食物从勺子上抿下来

### 我们为什么这样做?

锻炼儿童唇部肌肉的力量,让儿童能够双唇紧闭,抿下食物。

## 如何 发展自闭谱系障碍儿童的自我照料能力

**儿童需要准备的**

无。

**成人需要准备的**

儿童喜爱的黏稠食物,如面糊糊、粥等,小勺子。

开始玩吧!

- 将一满勺食物放进儿童的口中,只触碰到儿童下嘴唇,不要将食物直接用儿童的上嘴唇刮下。

- 等待儿童将上嘴唇与勺子接触,将食物从勺子上弄下来,此时你可以将勺子轻轻向上移,以帮助儿童更好地把食物从勺子上弄到嘴中。

- 如果儿童没有任何的唇部运动,试着用勺子接触儿童嘴唇的上部或底部,等待儿童将嘴唇闭紧。在使用这个方法的时候可以喂给儿童喜欢的食物,如布丁等。如果成人这样做,儿童能够将食物弄下来的话,在喂食时成人只需用手指轻轻地按在嘴唇上,使得嘴唇在勺子上的力量能稍稍重一些。

我们还可以这样玩!

- 每天给儿童提供一些用勺子喂食的机会。这也可以鼓励儿童在喂食过程中变得更加合作。让儿童在喂食时,自己将食物从勺子上弄下来,而不是简单地将食物放入儿童的口中。

🔔 **特别要注意的事情**

- 如果出现了强烈的咬紧反射,这可能是因为勺子碰到了儿童的牙齿。如果这给喂食造成了困难,换用一个小一些的勺子,以避免碰到他的牙齿。请注意在喂食时尽可能让儿童感到放松。

**掌握了吗?**

当勺子触碰儿童的下嘴唇时,儿童能自然地用它的嘴唇将勺子上的食物抿下来。

## 6. 小手用起来(学拿瓶子)

**我们为什么这样做?**

让孩子练习使用自己的双手,学习最基本的自我照料。

> **儿童需要准备的**
>
> 儿童已经具备一定的手眼协调能力及手指的抓握能力。
>
> **成人需要准备的**
>
> 奶瓶(如果儿童不能抓握通常大小的奶瓶,就找一个适合儿童手掌大小的奶瓶)。

## 如何 发展自闭谱系障碍儿童的自我照料能力

**开始玩吧!**

- 将奶瓶的奶嘴放入儿童口中,成人继续拿着瓶子。当儿童舒适地吸奶时,轻轻地将儿童的手放在奶瓶上,儿童会自然地紧紧抓住瓶子。
- 将奶瓶拿开几厘米,看看儿童是否会来寻找并抓住瓶子。当这个抓握技能渐渐进步之后,成人就可以松开手。时常检查一下儿童是否抓住瓶子即可。

🔔 **特别要注意的事情**

- 不要在儿童躺着的时候给儿童使用瓶子。应让儿童吸完奶之后再睡到床上。在床上躺着吸奶会增加罹患中耳感染和蛀牙的可能性。

**掌握了吗?**

宝宝在用奶瓶吸奶时能自己抱着/拿着奶瓶子。

## 7. 我会用我的小杯杯啦!(在家长辅助下用杯子喝水)

**我们为什么这样做?**

帮助儿童掌握拿杯子的技能,能够在家长的帮助下,自己用杯子喝水。

| 第三部分 | 做一做，让宝宝快快长大！

**儿童需要准备的**

儿童需要有良好的颈部运动能力，以及较好的双唇肌肉张力。

**成人需要准备的**

儿童喜欢的饮料（最好避免碳酸饮品）；几种不同的小杯子，如玻璃杯、底较重的塑料杯，用塑料杯或一次性杯子的话最好将另一边剪去一些，这样以免喝水时杯子的另一侧压到儿童的鼻子。

**开始玩吧！**

- 从杯子中仅有少量水开始教起。
- 将杯子递到儿童嘴边，轻轻提醒儿童该喝水了。
- 将杯子递到离儿童嘴巴约3厘米处，这样儿童在喝水时身体会稍稍前倾。
- 等待儿童将嘴凑到杯子边沿，用上下嘴唇含住杯子的边沿。
- 让儿童双手捧住杯子，成人轻轻将杯子上提一些，让水流向儿童的小嘴。

**特别要注意的事情**

- 在刚开始时，用一些较为浓稠的液体（如牛奶、泡好的麦片）教儿童效果会好一些，浓稠的液体对儿童来说更容易处理。

- 那些带有闭合的吸嘴的杯子不适合在这个活动中使用。因为该活动的目标在于教儿童喝水时如何控制头部和唇部。
- 可以将儿童喝水的练习与儿童的点心和正餐活动联系起来。纸杯能够适应儿童的嘴型,因此首先建议使用纸杯。但是那些咬紧反射强烈的儿童使用比较牢固的塑料杯较为合适。

**掌握了吗?**

儿童在用杯子喝水时能够身子稍稍向前倾,不会有水大量洒出或被呛到。

## 8. "牙牙"清道夫(用牙齿清洁下嘴唇)

**我们为什么这样做?**

帮助儿童形成良好的嘴唇清洁能力与习惯。

练习儿童的口唇运动能力。

---

**儿童需要准备的**

良好的口唇运动能力,良好的触觉感知能力。

**成人需要准备的**

经常吃的半固体食物(婴儿食物、煮烂的食物),小勺子。

### 开始玩吧！

- 用勺子敲敲小碗，吸引儿童的注意力，告诉儿童："我们要来玩游戏喽，用牙齿打扫卫生吧！"
- 用小勺子将食物涂在儿童的嘴唇边上。成人示范用牙齿清洁粘在嘴唇上的食物。
- 成人可以唱读"两个小白牙呀，打扫卫生勤呀！预备开始！"成人可以和儿童一起做，适当放慢节奏，当儿童能跟上时，再逐渐加快动作。鼓励儿童又快又好地做用牙齿清洁的动作。

### 我们还可以这样玩！

- 当给儿童喂食时，不要在每口喂食之后就给儿童擦嘴。给儿童一些自己清洁嘴唇的机会。
- 当儿童吃饭，或正好有食物粘在儿童下嘴唇上时，提醒儿童去"清洁"下嘴唇。
- 如果儿童不能用自己的牙齿清洁下嘴唇，可以在儿童的嘴唇上涂上一些儿童喜欢的黏性食物，如此儿童能够用舌头和牙齿将食物挪到嘴里。

### 🔔 特别要注意的事情

- 如果儿童口唇运动困难，这会使得其用牙齿清洁下嘴唇变得非常困难，对这样的儿童不能强求其在吃饭的时候完成这个活动，否则会破坏吃饭的愉悦气氛。

# 如何 发展自闭谱系障碍儿童的自我照料能力

- 用勺子轻轻碰一下儿童的下嘴唇也能帮助儿童完成"清洁"的动作。

**掌握了吗？**

在吃东西的过程中，当食物粘到下唇上时，儿童能够用牙齿去清洁下嘴唇。

## 9. 用手抓东西吃

**我们为什么这样做？**

让儿童能够运用自己的手抓住食物，并准确地送到嘴里，这是儿童开始学习自己吃饭的第一步。

> **儿童需要准备的**
>
> 手指有关抓握的精细动作以及手眼协调能力，儿童舌的运动能力。
>
> **成人需要准备的**
>
> 诸如燕麦、布丁、饼干棒等容易抓取的食物。

**开始玩吧！**

- 将富有黏性的食物如燕麦、玉米浆、果酱等涂到儿童手指上，让儿童自己舔着吃，告诉儿童："做得真棒，宝宝开始自己吃东西了,真厉害!"

- 将一碗布丁放在儿童面前,儿童能够将手伸到碗里面去,沾上布丁之后,自己舔着吃。逐渐向儿童提供一些容易抓取的食物,尤其是那些容易黏在手指上的食物,如面包屑之类。

- 当儿童已经能够熟练地抓着吃这些食物时,向儿童提供一些小块的食物,这些食物需要儿童用手指配合才能抓取。

- 以上三个过程,都需要逐步教会儿童,且三个过程都需要向儿童演示如何操作以及提供必要帮助。

### 🔔 特别要注意的事情

- 家长要有足够的耐心,儿童一开始会将餐桌和自己的衣服搞得一团糟,可以为儿童戴上一个围嘴,来避免麻烦。成人可以将手指放在食物中,然后将手指上的食物吃掉来为儿童做示范。

### 掌握了吗?

儿童能在没有帮助的情况下用手或手指来自己取食物吃。

### 10. 我会用我的小杯杯啦-2(自己用双手拿杯子喝水)

### 我们为什么这样做?

拿杯子喝水是生活中的小事,当儿童长到 1 岁左右时,就可以

## 如何 发展自闭谱系障碍儿童的自我照料能力

让儿童开始自己捧着杯子喝水了,这是独立的起点也是练习抓握技能的好机会。

> **儿童需要准备的**
> 一定的抓握能力。
> **成人需要准备的**
> 塑料杯等容易拿的杯子。

**开始玩吧!**

- 当儿童口渴时,将没有盖子的杯子倒满1/3的水,并把杯子递给儿童。

- 告诉儿童"自己喝水吧",如果儿童不能将杯子拿住,或者不能将杯子递到自己的嘴边,轻轻握住儿童的双手,将儿童的手捂住杯子,并将它拿到儿童的嘴边,让儿童喝水。

- 在不断帮助儿童握住杯子的过程中,成人应该每次都慢慢减少拿杯子所用的力度,让儿童自己出力拿住杯子。

- 当儿童自己能双手拿杯子喝水的时候,成人可以表现出口渴的样子,让儿童把水也递给家长,这是教授"分享"的好机会。

🔔 **特别要注意的事情**

- 请注意为儿童选择一款适合其手大小的杯子,杯子一定要是儿童容易拿握的。那些有两只拿握柄的杯子,或小号的杯子,或有接嘴处的杯子对手部动作能力较差的儿童来说比较适合。

- 如果儿童无法用一般的杯子喝水,给儿童提供一个有吸管的杯子,让儿童体验成功的感觉,以免喝水变成一件令儿童沮丧的事情。

**掌握了吗?**

儿童能够双手捧着杯子喝水。

## 11. 我会用我的小杯杯啦-3(单手拿杯子喝水)

**我们为什么这样做?**

拿杯子喝水是生活中的小事,当儿童长到 2 岁左右时,就可以让儿童练习单手拿杯子喝水了,同时要求儿童把杯子放回原处,这促使儿童在自我照料方面更加独立。

**儿童需要准备的**

儿童的手具备了较好的抓握能力。

**成人需要准备的**

小的杯子(儿童应单手能抓握该杯子),儿童喜欢的饮品。

## 如何 发展自闭谱系障碍儿童的自我照料能力

**开始玩吧！**

- 将杯子的三分之一倒满饮品。当儿童可能口渴时,放在儿童面前(就餐时、点心时间)。

- 鼓励儿童拿起杯子,喝一口水。如果需要的话,可以将杯子递到儿童的手中,帮助他把杯子拿到嘴边。

- 儿童往往先学会拿杯子以及将杯子拿到嘴边,然后才学会将杯子放回桌子上。因此有必要在儿童喝完水后,轻轻握住他的手,教他将杯子放在桌子上。同时告诉儿童,如"把杯子放在桌子上"。

- 渐渐不再握着儿童的手完成动作,儿童根据成人的语言提示把杯子放回原处。

🔔 **特别要注意的事情**

- 给儿童提供塑料杯,不仅有利于儿童抓握杯子,还可以防止意外摔碎带来的损失和意外伤害。

- 就餐时间是练习独立使用杯子的最佳机会。在就餐时提供没有盖子的杯子,而在离开家或儿童照料中心等场合使用带有盖子以及熟悉的杯子更为恰当。

**掌握了吗?**

儿童能够自己单手拿着杯子喝水,并在喝完之后把杯子放好。

## 12. 勺子喂一喂(将勺子放到嘴巴里)

**我们为什么这样做?**

让儿童学习使用勺子吃饭,不仅帮助儿童学习最基本的就餐技能,也能为成人省下很多时间哦!

> **儿童需要准备的**
>
> 良好的手眼协调能力,儿童能够自己拿勺子。
>
> **成人需要准备的**
>
> 小勺子,碗,一些能轻易舀起来的食物。

**开始玩吧!**

- 将一碗食物放在儿童面前。
- 舀一勺,让儿童抓住勺子,告诉儿童"吃吧"。
- 如果儿童不能把勺子送到嘴巴里,成人就应该轻轻握住儿童的手肘,帮助他。如果儿童还是不能完成,就应该轻轻握住儿童的手臂,甚至是坐在儿童的身后,轻轻拿住儿童的手腕。
- 一开始,应该帮助儿童把吃的送到嘴巴里,渐渐过渡到送到离嘴几厘米处,让儿童完成剩下的任务。慢慢让儿童自己把吃的送到嘴巴里。

# 如何 发展自闭谱系障碍儿童的自我照料能力

🔔 **特别要注意的事情**

- 在儿童的餐桌下面垫上一块专用的布。由于儿童在刚开始练习用勺子吃饭的时候,可能会有比较多的食物掉落到地面上。
- 一开始成人可能需要帮助儿童舀好食物,或握着儿童的手一起舀好食物,然后让儿童独立地将勺子送到嘴巴里。
- 一开始不要老是要求儿童自己吃饭,可以尝试让儿童自己吃一会,成人喂一会。

**掌握了吗?**

儿童能准确地将勺子送到嘴巴里,但不要求儿童自己舀吃的东西。

## 13. 勺子舀一舀(用勺子舀吃的)

**我们为什么这样做?**

教儿童用勺子舀食物,并喂到自己嘴里。

---

**儿童需要准备的**

良好的手眼协调能力,儿童能够自己拿勺子。

**成人需要准备的**

小勺子,盘子,容易舀的食物。

### 开始玩吧!

- 一碗食物放在儿童面前。舀一勺,让儿童抓住勺子。鼓励儿童自己吃。

- 如果儿童没能舀好食物就把勺子往嘴巴里送,就应向儿童演示如何舀食物。你可以像上一个活动一样,从手肘、手臂到手腕逐渐增加对儿童的帮助,并在之后不断练习的过程中,减少这些帮助。

- 确保儿童有足够的时间和机会练习舀这个动作。以那些能较容易就黏在勺子上的食物(如布丁、土豆泥、香蕉泥等)作为刚开始舀的食物,慢慢过渡到米饭等较难舀的食物。

### 我们还可以这样玩!

- 每天提供两次机会让儿童练习舀食物。当儿童跟其他小朋友在一起时,可以鼓励小朋友们都自己来,跟同伴一起,儿童会更有兴趣自己完成。

### 🔔 特别要注意的事情

- 那些有檐口的碗会让儿童舀食物变得容易一些,这些碗在婴儿用品店有卖。

- 勺大柄短的勺子也会使儿童舀起来容易一些。

- 放一个塑料大袋子在儿童的座位之下,能够让清理工作变得简单一些。

**掌握了吗?**

儿童能在较少洒落的情况下舀到食物,并送到嘴巴里。

## 14. 我能行(能整洁地自己吃饭)

**我们为什么这样做?**

在3岁半到4岁的时候,让儿童开始真正意义自己吃饭,能够舀食物送到口中,并且还能保持桌面的整洁。

---

**儿童需要准备的**

良好的手部精细动作能力,能抓握勺子并舀食物;儿童已经能完成"勺子喂一喂"、"勺子舀一舀"两个活动。

**成人需要准备的**

小勺子,碗,那些容易用勺子舀的食物。

---

**开始玩吧!**

- 给儿童盛好饭菜,将勺子放在碗里,或者放在桌子上。
- 鼓励儿童自己吃饭。成人可以告诉儿童:"宝贝已经长大了,自己吃饭哦!"有了前面几个活动,如果儿童已经能够自己从碗里面舀食物，儿童舀食物的技能在这个过程中能够得到更好的提升。
- 当儿童吃完后，提醒儿童擦擦嘴。
- 儿童此时可能会洒落一些饭菜，教儿童在吃完之后简单地整理桌面，把洒落的饭菜扔到垃圾桶里。

**我们还可以这样玩！**
- 把儿童喜爱的玩具放在儿童身旁的座位上。
- 当儿童自己吃完之后，告诉儿童："玩具也饿了，喂他一口饭吧。"
- 成人自己先示范着喂给玩具，给玩具擦擦嘴，然后让儿童也跟着你做。
- 当儿童跟着你做的时候，记得表扬儿童。

**🔔 特别要注意的事情**
- 尽管喂儿童吃饭，对家长来说会省力得多，但还是要让儿童自己来吃饭，这能提升儿童自己的能力。
- 不同脾性的孩子在这个活动上有较大的差异。一些儿童十分乐意自己吃饭，甚至不愿意成人来帮助。而另一些儿童则十分享受成人喂他们吃饭的过程。对于后一种儿童，则需要多鼓励他们，让他们自己的事自己做，来增加他们的能力。

**如何** 发展自闭谱系障碍儿童的自我照料能力

**掌握了吗?**

儿童自己用勺子喂食,不会将桌子弄得太脏。

## 15. 吸管的使用

**我们为什么这样做?**

在生活中,很多饮品都需要用到吸管,使用吸管也是儿童饮食的一项必备技能。

**儿童需要准备的**

良好的唇部肌肉运动能力。

**成人需要准备的**

吸管,装有饮品的杯子。

**开始玩吧!**

- 向儿童演示如何用吸管喝饮料。
- 拿开吸管,成人将嘴努起向儿童展示吸的动作,边做边发出一些吸的声音,成人可以夸张地表现出很好喝的样子吸引儿童的兴趣。
- 把放有吸管的杯子拿到儿童面前,将吸管的上端放到儿童嘴中,鼓励儿童吸,"来吸一口吧,尝尝好不好喝!"

- 插有吸管的封闭式瓶子能够很好地帮助儿童学习使用吸管,因为你可以挤压瓶子,让饮料自动流到吸管的上端,这很容易使儿童体验到最初的成功。带有吸管的吸嘴杯的使用,也能帮助儿童掌握使用吸管。

🔔 特别要注意的事情

- 常常给儿童练习吸吸管的机会,在需要喝水时给儿童提供吸管让他吸。当儿童能够成功地用吸管时,喝水将会变得简单而清洁。

- 吸管的使用能提升唇部的闭合性,也具有帮助儿童平静下来、帮助儿童自我调节等功能。

- 给儿童吸食的饮料不应是太过黏稠的,饮料中也不宜有颗粒物,以免儿童吸食困难。

掌握了吗?

儿童能独立使用吸管吸饮料。

## 16. 用用小筷子(筷子的使用)

我们为什么这样做?

中国人在餐桌上是使用筷子的,但是使用筷子对于儿童的精细动作提出了较高的要求,您可以在4～6岁时,教孩子使用筷子。

发展自闭谱系障碍儿童的自我照料能力

> **儿童需要准备的**
>
> 手指的精细动作,手指能够夹住细小物体。
>
> **成人需要准备的**
>
> 筷子,碗,食物。

**开始玩吧!**

- 先要教给儿童正确的拿筷子的姿势,先为儿童做示范:拿好筷子,给儿童看——收缩、伸开筷子,并发出筷子的敲击声,吸引儿童的注意力。

- 手把手地将儿童的手正确地放在筷子上,让儿童试着隔空使用筷子,让儿童模仿你刚才做的伸开、收缩筷子的动作。

- 就餐时给儿童准备一些比较容易夹住的食物,如茄子等,来增加儿童的成功感。

- 可以在每次就餐的前半段时间,让儿童练习用筷子吃饭,后半段允许使用勺子。

- 逐渐在每次吃饭的时候,增加使用筷子的时间。

**我们还可以这样玩!**

- 家长可以设计一些夹东西的游戏跟孩子比赛,如家人一起来玩夹生胡萝卜块等,用游戏的形式来练习筷子的使用,儿童会更有兴趣。家长要注意在游戏中让儿童体验到成功哦!

🔔 特别要注意的事情

- 现在市场上有卖一些辅助拿筷子的特制筷子,可以在初期购买来,帮助孩子掌握正确的拿筷子的方式。
- 筷子的使用方法并不唯一。上面的筷子用大拇指、食指和中指控制,下面的筷子要固定,只动上面的筷子,然后夹住食物,这点很关键。两根筷子头部合起来,筷子尖对准,很容易就能夹起吃的东西。
- 尽量用筷子尖夹取,需要时左手放在食物下方承托,避免在送到嘴之前食物滴漏。

掌握了吗?

使用筷子吃饭。

## 17. 我该在哪个盘子里(辨别食物的可食性)

我们为什么这样做?

儿童学会区分某一样东西是不是可以吃,对于儿童的生命安全十分重要。

## 如何 发展自闭谱系障碍儿童的自我照料能力

**儿童需要准备的**

儿童已经能认识一些基本的食物,也具有简单的投掷运动能力。

**成人需要准备的**

儿童熟悉的可食、不可食物品实物或图片若干,两个水桶。

**开始玩吧!**

- 选择两个不同颜色或形状的盘子,一个命名为"好吃的",一个命名为"好玩的"。可以贴上图片标签,帮助儿童区别。

- 给儿童一个物品,让他准确"投掷"到正确的水桶中。也可以让儿童将图片放置到正确的盘子中,或者将图片贴在小球上,让儿童投掷。

- 如果儿童判断有误,成人可以提示儿童这个物品归为哪一类,给儿童简单讲解一下关于这个物品的知识。

- 在游戏结束时,邀请儿童一起参与整理。

**我们还可以这样玩!**

- 如果儿童的动作能力比较差,可以直接让儿童把图片或食物放到水桶中,这样可以避免一直投掷不到水桶中,给儿童带来的挫败感。

- 家长可以和儿童一起比赛来玩这个游戏。

🔔 **特别要注意的事情**

- 有些儿童对口部刺激的需要较强,此时你需要准备1~2个可以让儿童放入口中的不可食物品。如果儿童在两岁之后还一直咬玩具或含玩具,请咨询职业治疗师。

**掌握了吗?**

儿童能辨别出其所熟悉的物品是可食的还是不可食的,并不去吃不可食的物品。

## 18. 客人来了,请喝水吧!(从茶壶往杯子里倒水)

**我们为什么这样做?**

结合情境,帮助儿童发展倒水的技能。

---

*儿童需要准备的*

手腕以及手臂的良好运动能力,能提起茶壶的能力。

*成人需要准备的*

手腕以及手臂的良好运动能力。

---

**开始玩吧!**

- 一个成人来充当客人,另一个成人来提醒:"客人来了,帮忙倒杯茶,请叔叔/阿姨喝茶。"

- 将一个装有水的水壶和一个杯子放在儿童面前,向儿童演示你是如何将瓶子中的水倒入杯子中的,递给客人喝。
- 客人喝完茶,"宝贝,给叔叔/阿姨再倒一些茶吧!"
- 当儿童倒水时,给儿童提供适当的帮助。刚开始,儿童需要一手拿着水壶的壶柄,一手托住水壶的底。
- 开始的几次活动中,仅需在水壶中放入刚能倒满杯子的水,之后让儿童学会在杯子近满时,停止倒水。
- 随着儿童渐长,儿童能仅用一只手就拿住整个水壶,另一只手拿着水杯了。

**我们还可以这样玩!**

- 可以让儿童喜爱的玩偶也加入到游戏当中来,创设"口渴了"或者"来做客"的情景,让儿童为他们都倒一杯水。
- 在家聚餐时,可以让儿童拿着小饮料瓶为家庭成员都倒一些饮料。

🔔 **特别要注意的事情**

- 水壶容易摔碎,刚开始时,可以让儿童使用小可乐瓶练习倒水,这样更加安全。

**掌握了吗?**

儿童能把水从一个容器倒到另一个容器中。

## 19. 排队慢慢进嘴巴(掌握合适的喂食与吞咽速度)

**我们为什么这样做?**

合适的喂食与吞咽速度不仅有助于儿童消化食物,还是就餐礼仪的一部分。

> **儿童需要准备的**
>
> 良好的上下颌咬合能力,手臂运动能力,手眼协调能力。
>
> **成人需要准备的**
>
> 儿童常吃的可分割的正餐或点心(如小馒头)。

**开始玩吧!**

- 用故事的形式向儿童说明一口一口慢慢吃东西的规则。

- 可以编一个小故事,如:这个小馒头家族,今天他们要排队一个一个进入宝宝的嘴巴,他们可不喜欢两个黏在一起。

- 要求儿童吃完第一个之后,再吃第二个。如果儿童还未下咽,就急着吃第二个,家长可以把食物收起来。

- 告诉儿童,"小馒头可不喜欢黏在一起,否则他们可都会躲起来哦!"

- 等儿童吃下口中的食物之后,再给下一个。每次可以给少一点。

**我们还可以这样玩！**

- 在儿童吃点心或正餐的时候练习这个技能。提醒儿童一口一口吃饭,不要急,要让儿童在吃下一口之前将嘴中的食物都咽下。

- 在就餐时,可以让儿童在吃完一口之后,就将手中的餐具放下来,并且对他进行表扬,在咽下口中食物2~3秒之后,再吃第二口。

- 在儿童慢慢吃、慢慢放下餐具时给予最大的鼓励。当儿童吃得太快,满嘴都是食物时,提醒儿童先吃完嘴巴里面的,再吃下一口。

🔔 **特别要注意的事情**

- 如果儿童总是将食物塞得满嘴都是,试着让儿童拿着碗吃饭,并让儿童吃一口,就将碗放下。每次只给儿童少量的食物,这对于儿童学会一口一口吃饭也会有帮助。

- 如果儿童还是将嘴塞得满满的,这可能意味着儿童口部的感知觉有些迟钝,建议您咨询作业治疗师或言语语言治疗师。

**掌握了吗？**

儿童在吃下一口之前能将嘴中的食物都咽下。

## 20. 我会用饮水机啦！(到水龙头处接水喝)

**我们为什么这样做？**

帮助儿童学会拧开、关闭饮水机的水龙头。

**儿童需要准备的**

手指的精细动作,能够抓握水龙头;手臂的力量,能够拿稳一杯水。

认识红、绿、蓝三种颜色。

**成人需要准备的**

一个小杯子,关掉饮水机的开水开关。

**开始玩吧！**

- 向儿童展示打开冷水龙头,并将杯子装满水,然后将水龙头关上的过程。

- 让儿童练习这个活动,先让儿童把水杯放在龙头之下,手把手教儿童如何打开水龙头。

- 提示儿童观察水是不是快满了,刚开始时,可以让儿童少接一点水,避免让水溢出。

- 热水龙头应确保关闭或将水温调至不会烫伤的温度,以使儿童能安全地练习独立开关水龙头。

- 当儿童渐渐表现出成功时,应逐渐减少语言和肢体提示。

**我们还可以这样玩!**

- 当成人想要喝水时,可以把塑料水杯给儿童,请他帮忙倒半杯水。成人在旁边观察,必要时给予提示,如当水杯中的水接近半杯时,提醒儿童关闭水龙头。儿童将水杯递给成人时,对儿童予以夸赞。

🔔 **特别要注意的事情**

- 开关水龙头有困难的孩子,可能需要先进行精细动作方面的训练。
- 允许儿童自己去水龙头接水。在水池前放一个小台阶也许能更好地帮助儿童独立完成取水的工作。

**掌握了吗?**

儿童能自己拧开或关上水龙头,并在接水时水不溢出。

## 21. 爱吃蛋奶星星(向碗里倒进食物)

**我们为什么这样做?**

教授儿童能够准确地将食物倒进碗里不溢出来,为下一步搅拌食物做好准备。

| 第三部分 | 做一做，让宝宝快快长大！

> **儿童需要准备的**
>
> 儿童应具备手眼协调能力，手部也有一定的力量。
>
> **成人需要准备的**
>
> 蛋奶星星，碗，勺子。

**开始玩吧！**

- 点心时间，向儿童演示如何把蛋奶星星放入碗中，放入约 1/2 碗，然后加入牛奶，最后用勺子轻轻搅拌一下。可以先做得少一些，让儿童吃上一些。

- 鼓励儿童自己也来做一做，成人可以告诉儿童："宝宝，这次轮到你来做蛋奶星星啦！"

- 先放蛋奶星星。可先将蛋奶星星所需的量取出，放在小盒子里，很多盒子会难以打开，因此你可能需要帮孩子打开蛋奶星星的盒子。

- 当倒入的牛奶渐渐接近碗口，在离碗口约 2 厘米时，教儿童停止倒牛奶。刚开始的时候，也可以将所需量的牛奶放入玻璃杯中，让儿童直接倒。

- 成人帮着搅拌一下，让儿童自己用勺子吃。在儿童吃的过程中，可以让儿童学着分享，也喂给你一勺。

🔔 **特别要注意的事情**

- 将盘子、碗、麦片以及牛奶放在儿童能够到的架子上，可能更利于儿童成长。在幼儿园中,点心也可以放在儿童所能够到的地方,这样孩子能够在饿了时,自己去取东西吃。

**掌握了吗?**

儿童能够独立地向碗中倒入谷物和牛奶。

## 22. 我来搅一搅(将固体食物在液体中搅拌均匀)

**我们为什么这样做?**

搅拌是一项非常基础的技能,在准备饭菜、点心时,常常会用到这个技能,因此让儿童从小事开始,锻炼这项技能吧。

> *儿童需要准备的*
>
> 手抓握勺子等物品的能力,手臂的良好控制能力。
>
> 儿童已经学会了"爱吃蛋奶星星"这个活动。
>
> *成人需要准备的*
>
> 小勺子,杯子,麦片、果珍等。

**开始玩吧!**

- 在点心或早餐时间,告诉儿童:"今天要来帮妈妈一起搅拌麦片了!"
- 向儿童演示将麦片倒入杯子中,再倒入热水,用勺子将麦片搅匀的过程。

- 在学会倒麦片和水的基础上,让儿童拿着勺子,沿着杯子壁不断缓慢向前,直到麦片顺着勺子的方向开始转。如果孩子还没有达到"爱吃蛋奶星星"的活动要求,那么成人需要帮助儿童一起来倒麦片和水。
- 由于倒入热水对孩子来说有一定危险,成人需要将热水稍作冷却,或者帮着孩子一起倒。
- 如果儿童一开始不能很好地掌握这个动作,成人可以轻轻握着儿童的手慢慢帮着他搅拌,然后渐渐减少成人的帮助。

我们还可以这样玩!

- 可以在冲果珍、咖啡的时候让孩子帮忙搅拌,真实的场景会让儿童更加感到自己确实能够帮上忙。

掌握了吗?

儿童能用勺子或筷子搅拌物品。

## 23. 寻找宝藏(用大勺子、饭勺等)

我们为什么这样做?

这个活动不仅帮助儿童掌握用大勺子舀出的技能,为儿童自己盛饭做准备,还能和数数训练结合起来。

## 如何 发展自闭谱系障碍儿童的自我照料能力

> **儿童需要准备的**
> 
> 手部抓握饭勺等较大物体的能力，良好的手臂力量。
> 
> **成人需要准备的**
> 
> 黏土颗粒、沙子或小珠子，勺子。

**开始玩吧！**

- 在小水桶里面装上黏土或沙子，并在黏土中混入小珠子。
- 告诉儿童："我们现在来比一比，谁用勺子舀出的珠子多。"引导儿童把目光投到水桶中。
- 让儿童一手拿好盘子，一手抓握好勺子，开始将"宝土"挖到盘子里。
- 然后分离出黏土中的珠子，数一数这个"宝土"中含有的珠子有几个。
- 父母可以跟儿童一起玩，比一比谁的珠子比较多。

**我们还可以这样玩！**

- 当吃饭时，成人可以让儿童帮忙一起盛饭。
- 儿童一手拿好饭勺，一手抓握饭碗，让儿童用饭勺往饭碗里盛饭。
- 两手之间的距离可以适当近一些，减少饭勺盛饭到饭碗中经过的距离，以增加儿童在活动初期的成功率。

- 之后可以让儿童将饭碗与饭勺之间的距离适当拉大。

## 特别要注意的事情

- 当饭稍凉时,再让儿童练习盛饭,以免饭太烫,烫伤儿童的手。

## 掌握了吗?

儿童能自己盛饭,少有饭粒洒出。

## 24. 从水台上取水喝

### 我们为什么这样做?

帮助孩子掌握在公共场所取水喝的方法。

**儿童需要准备的**

双手的协调能力,能够双手分开做事;手臂的肌肉张力良好,能够按压按钮。

**成人需要准备的**

水台(广场上常有公共水台,但可能需要帮孩子垫一个小凳子)。

### 开始玩吧!

- 向儿童展示如何一边喝水一边保持水流不断。
- 首先,当成人按压出水按钮时,让儿童直接伸头过去,用嘴巴喝水,但应确保儿童喝水时嘴巴不会磕到水台。

- 当成人喝水时,让儿童帮其按住出水按钮。
- 当以上两步儿童都能出色完成时,让儿童自己从水台上取水喝。
- 让儿童自己练习这个活动,必要时提供帮助。当儿童渐渐成功时,应逐步减少成人所提供的帮助,或者口头提示等。

**特别要注意的事情**

- 不同地方的水台可能打开水的开关有所不同,如果是旋开水龙头式的,需要先教孩子如何旋开水龙头。

**掌握了吗?**

儿童能自己完成开关水源、喝水的过程,并很少弄湿自己的衣服。

## 25. 我的家在哪里(摆放碗筷)

**我们为什么这样做?**

让儿童学会往桌上摆放餐具,同时也创造学习餐具名称的机会,并掌握大小配对的认知技能。

**儿童需要准备的**

了解餐具的名称,手部能够抓握两只碗以上重量的物品。

**成人需要准备的**

三副以上的玩具碗具,玩具小熊。

**开始玩吧！**

- 成人准备大、中、小三只碗和三双筷子，摆在儿童面前。
- 成人应先告诉儿童："小熊一家都饿了，它们想吃饭了，我们帮助它们摆好碗筷吧！"成人这时应把儿童目光引向小熊一家。
- 让儿童分碗。提示儿童，爸爸用最大的，妈妈用小一些的，熊宝宝用最小的。
- 再让儿童分筷子，让儿童把筷子放在碗的右边。必要时也可以给予提示或身体辅助。

**我们还可以这样玩！**

- 在就餐摆放餐具时，可以让儿童参与，以帮助儿童练习游戏中学得的技能。

**🔔 特别要注意的事情**

- 儿童在一开始寻找餐具指定位置的时候可能存在一定的困难，家长可以先示范给儿童，也可以利用视觉线索，在餐桌指定的位置贴上儿童能理解的标签，帮助儿童快速地找到。

**掌握了吗？**

儿童能在两分钟之内把餐具分给相应的玩偶。

# 二 个人卫生

## （一）洗漱

### 26. 我来拍拍水(喜欢玩水)

**我们为什么这样做？**

发展儿童对于玩水的喜爱，这是之后儿童学会其他盥洗技巧的基础。玩水对于大多数儿童来说，是一件快乐的事情。

**儿童需要准备的**

无。

**成人需要准备的**

一个能让孩子坐下来洗澡的大盆或其他类似的容器。

**开始玩吧！**

- 在盆里放好水，将儿童放入盆中，给儿童2~3个能在水中玩的玩具,如小杯子、漂浮玩具。
- 鼓励儿童玩耍,让儿童把手浸入水中,轻轻地拍水。成人也可以抓住儿童的手在手中轻拍,再放开儿童的手,鼓励儿童自己拍水。

🔔 **特别要注意的事情**
- 鼓励儿童使用多种不同的漂浮玩具进行玩耍。如果儿童不能稳稳地坐在水盆中,可以在水盆中放一个洗衣篮,让儿童坐在篮子里。

**掌握了吗?**

当一有机会,儿童就能够玩起水来。

## 27. 流口水了没?(检查上下颌的咬合功能)

**我们为什么这样做?**

这个活动的目的是要检查儿童上下颌的咬合功能的发展,如果上下颌咬合较差,儿童会经常流口水。

> 儿童需要准备的
> 
> 无。
> 
> 成人需要准备的
> 
> 无。

## 如何发展自闭谱系障碍儿童的自我照料能力

**开始玩吧!**

- 观察儿童一整天,如果儿童的口腔功能发展良好的话,成人应很少发现儿童流口水,因为儿童此时应能在吞咽和唇部闭合这两个方面做到不流口水。
- 常常流口水可能是一个发展困难的信号,这可能提示需要物理治疗师的帮助。

🔔 **特别要注意的事情**

- 如果儿童确实流口水,家长应尽量保持儿童下颌的干燥,这样能够让儿童体验到干燥的感觉是什么。最好是用手帕轻轻拍干下颌和嘴巴,而不是擦干。
- 儿童出牙时流口水是正常现象。

## 28. 我爱洗手手(儿童能部分参与洗手)

**我们为什么这样做?**

帮助儿童了解洗手的步骤,在洗手时能配合成人。

> **儿童需要准备的**
>
> 双手的精细动作,能相互搓洗,涂上肥皂。
>
> **成人需要准备的**
>
> 肥皂和水,一些垫脚的物品以使儿童能够舒适地够到水池。

| 第三部分 | 做一做，让宝宝快快长大！

**开始玩吧！**

- 在吃点心和正餐前、从外面玩耍回家后或其他一些时候给儿童提供洗手的机会。将水放在水池中，站在儿童旁边，向儿童演示你是如何洗手的。
- 同时鼓励儿童将手放在水池中洗手，帮助儿童打开水龙头，将双手打湿。
- 让儿童自己拿着肥皂，涂上肥皂。
- 小手相互搓一搓，在水龙头下冲一冲。成人需要帮助儿童把手上的肥皂冲干净。
- 让儿童帮着拿毛巾，把儿童的手擦干。

**我们还可以这样玩！**

- 如果儿童不愿意洗手，可以让儿童先从事一些会把他的手弄脏的活动，如手指画等。然后向儿童展示将要给他吃的小零食，但要求儿童得先将手洗干净，告诉儿童水能帮助他把手上的脏东西洗下来。
- 有时给洗手这类日常活动创作一首简单的歌曲对儿童学会这类活动非常有帮助。您可以为儿童的洗手创作一首简单的歌曲。

🔔 **特别要注意的事情**

- 刚开始练习时，不宜要求儿童长时间洗手，儿童手上所粘的

## 如何 发展自闭谱系障碍儿童的自我照料能力

污物应该是容易洗净的,这样可以避免儿童的烦躁心理,且不会因为手无法洗干净而养成马虎的习惯。

**掌握了吗?**

儿童能参与到洗手的过程中,不拒绝洗手,配合擦干手。

## 29. 自己洗手手(学会洗手)

**我们为什么这样做?**

帮助儿童掌握洗手的基本过程,帮助儿童养成良好的卫生习惯。

**儿童需要准备的**

儿童已经能配合成人,参与洗手的过程。

**成人需要准备的**

肥皂和水。

**开始玩吧!**

- 在就餐前或如厕之后,告诉儿童:"一起去洗个手吧,小手要干干净净。"
- 成人先向儿童示范洗手的全过程,把手弄湿、涂肥皂、冲洗手,擦干手等过程。告诉儿童:"轮到宝贝来洗手了。"

- 当儿童洗手时,必要时提供口语提示,让儿童明白下一步该干什么。对新学习洗手的儿童来说,洗手液比肥皂更容易使用。
- 只有当儿童不愿意洗手或者有困难时才手把手地教。手把手教的时候,最好站在儿童的身后。
- 逐渐减少对儿童给予的提示与帮助,逐渐让儿童自己来完成。

🔔 特别要注意的事情

- 可以为儿童制作一个洗手过程的视觉线索图片,贴在洗手处,帮助儿童识记洗手的基本步骤。

掌握了吗?

在没有成人提示的时候,儿童也能独立洗手。

## 30. 小手擦干干(用擦手巾擦干双手)

我们为什么这样做?

让儿童在洗完手之后,学会把手擦干,养成良好的个人卫生习惯。

## 如何 发展自闭谱系障碍儿童的自我照料能力

**儿童需要准备的**

无。

**成人需要准备的**

水、毛巾。

**开始玩吧!**

- 向儿童展示如何在毛巾上擦干手心和手背。"先擦擦手心,再擦擦手背,最后挂好!"
- 在儿童洗完手之后,递给儿童一块毛巾。一块小而轻的毛巾可能更适合儿童,如手帕等。
- 当然也要向儿童展示如何在一块挂着的毛巾上擦干手。
- 如果儿童不会自己去擦手,就需要手把手地教儿童,然后逐渐减少帮助,让儿童自己来完成。

**我们还可以这样玩!**

- 将擦干手的活动与洗手联系在一起,使之成为日常生活的一部分,使洗手、擦干手成为儿童生活的一部分。

🔔 **特别要注意的事情**

- 最好为儿童单独留置一块擦手布,以免病菌的相互传染。

**掌握了吗?**

儿童能在洗手或弄湿手之后,独立地擦干自己的手。

## 31. 我爱洗澡，皮肤好好！(能用毛巾擦身体)

**我们为什么这样做？**

帮助儿童掌握把自己身体擦干的技能，让儿童养成爱洗澡，洗完把身体擦干的好习惯，增强儿童的独立性。

> **儿童需要准备的**
>
> 手部抓握毛巾的能力，儿童喜爱洗澡。
>
> **成人需要准备的**
>
> 小毛巾或浴花，肥皂，水。

**开始玩吧！**

- 当洗澡的时候，告诉儿童："今天，宝贝也要自己来洗澡喽！"
- 将小毛巾递给儿童，家长手中也留有一块。向儿童展示如何将肥皂涂在毛巾上，如何将毛巾在自己身上来回擦。
- 先让儿童学习将肥皂打在毛巾上，鼓励儿童用右手拿着毛巾擦拭左边的身体，然后用左手拿着毛巾擦拭右边的身体。家长可以提供帮助。

**我们还可以这样玩！**

- 家中可以购买一些洗浴玩具，让儿童在洗澡时也给这些玩具涂上肥皂,并将它们冲洗干净,最后把玩具擦干。

🔔 **特别要注意的事情**

- 使用浴花对儿童来说会更容易操作一些。
- 这个活动只是为了让儿童学习如何擦拭身体,其余的步骤仍需要家长的帮助才能完成。

**掌握了吗?**

在洗澡的时候,儿童能拿住小毛巾,并试着去擦自己的身体。

## 32. 能自己洗脸

**我们为什么这样做?**

教授儿童洗脸的基本程序,让儿童自己洗脸。

> **儿童需要准备的**
> 
> 良好的手部动作能力,能够拧东西。
> 
> **成人需要准备的**
> 
> 毛巾,洗脸盆。

**开始玩吧!**

- 当吃过饭或早晨洗脸时,成人先自己洗脸,向儿童展示洗脸的过程,一边洗一边讲解,"擦脸,擦脖子"等。
- 让儿童自己来洗脸。如果有必要的话,要帮助儿童将毛巾拧好,让儿童双手摊开,将毛巾放在其手上,给儿童指令,让儿童自己擦脸。慢慢减少提示。
- 当儿童已经熟练地掌握这个技能之后,可以让儿童自己来将毛巾打开,甚至自己拧毛巾。

## 特别要注意的事情

- 在需要洗脸的时候尽量让儿童自己来完成。给儿童提供一块小毛巾,儿童在洗脸的时候更容易抓住毛巾,也便于儿童学习拧毛巾。

## 掌握了吗?

儿童能自己拿着毛巾擦脸。

## 33. 整理秀发

### 我们为什么这样做?

让儿童学会梳头,从最简单的梳洗技能开始,培养儿童整理仪容的能力。

**儿童需要准备的**

能正确拿梳子。

**成人需要准备的**

梳子、带有可梳头发的玩具娃娃。

## 如何 发展自闭谱系障碍儿童的自我照料能力

**开始玩吧！**

- 成人先将玩具娃娃的头发弄乱，告诉儿童"娃娃刚起床，还没梳头呢，快来帮忙！"
- 向儿童演示如何梳头，"先分好发线，然后从上往下，从前往后梳"。
- 让儿童正确地拿住梳子。按照从前到后的顺序，把玩具娃娃的头发梳理整齐。在需要时可以手把手地教儿童，或是向儿童提供语言提示，然后渐渐减少成人的提示。
- 成人这时可以提醒儿童给自己也梳梳头。给儿童一面镜子，让儿童用梳子按同样的方式给自己梳头。
- 成人也可以招呼儿童为家长梳梳头，当儿童完成时，表扬儿童"梳得真不错！"

**我们还可以这样玩！**

- 当早起梳头时，鼓励儿童自己独立梳头，你仍然需要监管儿童或提供帮助。
- 也可以鼓励儿童给家中的宠物梳理毛发，如金毛狗。

🔔 **特别要注意的事情**

- 一个容易梳的发型，如短发，这对儿童学习独立梳头来说是一个有利条件。

**掌握了吗？**

儿童基本能把自己的头发梳整齐。

## 34. 捉出鼻涕虫（允许他人帮他擦鼻子）

**我们为什么这样做？**

儿童能在他人帮助清洁鼻子时，表现出配合，这是对儿童个人卫生的基本要求。

**儿童需要准备的**

无。

**成人需要准备的**

柔软的纸巾。

**开始玩吧！**

- 当儿童流鼻涕或其他成人认为需要帮助儿童擦鼻子时，告诉儿童，"××帮你擦鼻子"。
- 用纸巾快速有力地帮孩子擦鼻子。
- 通常儿童会拒绝擦鼻子。你可以将手臂环绕在儿童的肩膀上，抱着儿童的头，并将他的头稍稍上抬，来给他擦鼻子。
- 多用毛巾给儿童洗脸，儿童也会逐渐提高对擦鼻子的容忍度。

🔔 **特别要注意的事情**

- 如果给儿童不断地、频繁地擦鼻子，请考虑使用湿巾。

# 如何 发展自闭谱系障碍儿童的自我照料能力

**掌握了吗？**

当给儿童擦鼻子的时候，儿童的抗拒性很小。

## 35. 自己来捉鼻涕虫-1(提供纸巾时能自己擦鼻涕)

**我们为什么这样做？**

培养儿童具有良好的个人卫生的意识，养成良好的个人卫生习惯。

---

**儿童需要准备的**

良好的感知觉，能意识到鼻涕所带来的不适感。

**成人需要准备的**

柔软的纸巾。

---

**开始玩吧！**

- 当儿童流鼻涕或打喷嚏时，告诉儿童擦一下鼻子，同时递给他一张纸巾。
- 成人自己也用纸巾擦鼻子，给儿童示范，并鼓励儿童进行模仿。
- 如果儿童没有意图去擦鼻子，那就手把手地教他如何做。
- 渐渐减少你所提供的帮助，让孩子自己来擦鼻涕。

## 我们还可以这样玩！

- 鼓励儿童给他的娃娃擦鼻子，给家长擦鼻子，给宠物擦鼻子等。

## 🔔 特别要注意的事情

- 如果要给儿童不断地、频繁地擦鼻子，请考虑使用湿巾。

## 掌握了吗？

当儿童流鼻涕时，给予纸巾，或告诉儿童擦鼻子的时候，儿童会去擦鼻子。

## 36. 自己来捉鼻涕虫-2(自己取纸巾、擦鼻涕)

## 我们为什么这样做？

培养儿童具有良好的个人卫生的意识，养成良好的个人卫生习惯。

**儿童需要准备的**

良好的感知觉，能察觉到鼻涕流下来需要擦，较好的双手协调能力。

**成人需要准备的**

一盒面巾纸。

**开始玩吧!**

- 观察儿童,以确定他何时需要纸巾。

- 如果儿童需要用纸巾的时候,儿童没有主动去拿纸巾,提示儿童去抽取一张纸巾,如:你在流鼻涕,快去拿张纸巾擦一擦。

- 这个年龄的儿童常常为了方便而用他们的袖口来擦鼻涕。当儿童想用袖口来擦鼻涕的时候,应赶紧给儿童一张纸巾,万不可让儿童养成用袖口来擦鼻涕的习惯。

- 应要求儿童在未经提醒的情况下自己去取用纸巾。当儿童已经能够越来越好地使用纸巾时,可以给儿童随身携带一包纸巾,那样在需要时,他就能及时使用。

**还可以这样玩**

- 设计一个装扮游戏,让儿童用纸巾为感冒的玩偶擦擦鼻涕。

🔔 **特别要注意的事情**

- 如果儿童不断地、频繁地擦鼻子,请考虑使用湿巾。

**掌握了吗?**

在大多数情况下,儿童能够不经提示就自己拿纸巾擦鼻涕。

## 37.擦擦小脸蛋(当脸上有脏物时能用纸巾主动擦去)

**我们为什么这样做?**

儿童能觉察粘到脸上的脏物,养成良好的卫生习惯。

**儿童需要准备的**

无。

**成人需要准备的**

棍状饼干等,餐巾纸。

开始玩吧!

- 成人拿着棍状饼干,跟儿童讲:"我们来玩游戏,妈妈/爸爸点到哪里,你就用纸巾擦哪里。"
- 成人发出指令:"开始喽。"然后在儿童脸上点一下。
- 等待儿童拿着纸巾去擦被碰触的地方,如果儿童在3秒之内没有反应,就拿着儿童的小手,和他一起擦。
- 等儿童擦完之后,再进行下一次碰触。成人可以配上夸张的声音,儿童会更感兴趣。
- 当已经在儿童脸上碰触较多次数时,成人和儿童可以互换角色。

我们还可以这样玩!

- 这个活动可以在儿童吃得满脸都是的真实场景中进行。提示儿童脸上沾满了食物,应该擦一擦。
- 先等待儿童反应3秒钟,如果儿童不能自己用餐巾将脸上的食物擦去,成人应示范如何用餐巾将脸上的食物擦去。

- 当吃那些容易弄脏嘴巴的食物时,可以教儿童在每吃几口之后用餐巾擦一下嘴巴。
- 对一些感知觉不太敏锐的儿童,最初可以在儿童面前放置一面镜子,儿童可以时时查看是否脸上粘上了食物。

🔔 **特别要注意的事情**

- 当学步儿童的毛巾挂在镜子附近,儿童会更乐意去擦脸和擦手。

**掌握了吗?**

当脸上粘有食物时,儿童能够未经提示就用纸巾将食物拭去。

## 38. 鼻孔吹大风(自己擤鼻涕)

**我们为什么这样做?**

儿童掌握自己擤鼻涕的技巧。

**儿童需要准备的**

能口唇紧闭。

**成人需要准备的**

纸巾。

## 开始玩吧！

- 当观察到儿童有些流鼻涕时，就可以开始这个活动了。
- 向儿童展示如何用鼻孔出气。成人可以夸张地演示给儿童看，如放一张纸巾在面前，用鼻孔出气将它吹远，并配合着发出"哼—"的声音。
- 递给儿童一张纸巾，让儿童用双手拿着纸巾，盖在鼻子两侧，让儿童模仿成人用鼻子将纸巾吹起。
- 让儿童用手按住一边鼻孔，用另一边鼻孔吹气。
- 鼻涕被吹出时，用纸巾轻轻擦鼻孔处。再交换按住另一边鼻孔，吹出鼻涕。
- 如果儿童在完成这个任务上有困难，帮助儿童将纸巾放在鼻子两侧，再次展示如何从鼻孔中出气。提醒儿童闭上嘴巴。渐渐减少你的帮助。
- 当擤完鼻涕，让儿童将使用后的纸巾扔进垃圾筒。

## 🔔 特别要注意的事情

- 在天冷的时候，可让儿童随身携带一包纸巾，将其放在口袋中。这对于帮助儿童养成良好的卫生习惯很有帮助。

## 掌握了吗？

当要求独立擤鼻涕时，儿童能够顺利完成。

## 39. 漱口

**我们为什么这样做?**

漱口是儿童还不能刷牙时,一项清洁牙齿的基本活动。要求能含一口水在口中,不会渗出。

---

**儿童需要准备的**

双唇的闭合能力。

**成人需要准备的**

一杯清水,水池。

---

**开始玩吧!**

- 当吃完东西之后,成人告诉儿童:"该去漱漱口了。"
- 带儿童到水池边,向儿童示范漱口的过程。成人可以发出夸张的漱口声,引起儿童的注意。
- 让儿童先含一口水,然后让儿童做出两腮鼓起的动作,反复几次,让儿童把漱口水吐掉。
- 如果儿童不能含住水,可以让儿童先做口中憋住一口气,将两腮鼓起来的动作。在漱口时请提醒儿童不要把漱口水咽下去。

## 特别要注意的事情

- 如果儿童在口唇闭合上存在一定的问题,请咨询言语治疗师。
- 由于儿童很可能不小心将漱口水喝下去,因此可以在一开始漱口的时候为儿童提供凉开水。

## 掌握了吗?

儿童能够在没有提示的情况下完成漱口。

## 40. 能配合刷牙

### 我们为什么这样做?

帮助儿童养成刷牙的习惯,保护儿童的牙齿。

**儿童需要准备的**

无。

**成人需要准备的**

牙刷、洗漱台。

### 开始玩吧!

- 让儿童站在洗漱台前,告诉他现在该刷牙了。

- 向儿童展示你是如何将牙膏挤到牙刷上的。
- 叫儿童张开嘴巴,给儿童刷牙(如果儿童不肯张开嘴巴,那就轻轻地挤他的两颊,让他打开嘴巴,并轻轻刷牙)。
- 可配合一些幽默的语言或儿歌,试着使这个活动变得有趣。

🔔 特别要注意的事情

- 在开始时,请使用刷毛较软的儿童牙刷以及儿童牙膏。甚至在最初的几次,你需要在手指上涂上牙膏给儿童"刷"牙。
- 请为儿童选择合适的牙刷和牙膏。
- 如果儿童始终不愿意张开嘴巴,抗拒刷牙,请咨询专业治疗师。

掌握了吗?

儿童能在刷牙时,配合地张开嘴巴。

## 41. 我来挤牙膏

我们为什么这样做?

儿童学会挤牙膏,能做好刷牙的准备工作。

| 第三部分 | 做一做，让宝宝快快长大！

**儿童需要准备的**

双手的运动技能，手臂的肌肉力量。

**成人需要准备的**

牙刷，洗脸台（有镜子）。

**开始玩吧！**

- 让儿童站在镜子前，告诉儿童现在是刷牙时间了。
- 向儿童展示你如何将牙膏挤在牙刷上。将挤好牙膏的牙刷递给儿童看，告诉他，"你也来为自己的牙刷挤上牙膏吧！"
- 一开始，成人可以手把手地握住儿童的手挤牙膏，帮助儿童感受需要用多大的力气。随着活动次数的增加，可以让儿童自己来挤牙膏！
- 当挤出1厘米左右膏体时，让儿童拿着牙刷，把牙膏挤到牙刷上。
- 挤完牙膏后，当在儿童刷牙时，最好展示你是如何刷牙的。在开始阶段儿童只用用牙刷与牙齿做一些接触。

**我们还可以这样玩！**

- 将刷牙作为餐后的一项生活常规。鼓励儿童给自己喜欢的玩偶刷牙。如果家中老人有假牙，也可以让儿童帮助老人刷假牙。

## 如何 发展自闭谱系障碍儿童的自我照料能力

🔔 **特别要注意的事情**

- 由于儿童手部力量控制能力不足,可能会一下挤出很多牙膏,因此建议在刚开始时,拿快用完了的牙膏让儿童来学习挤牙膏,这样会容易一些。

**掌握了吗?**

儿童能配合着挤出牙膏,将牙膏挤在牙刷上。

### 42. 我会刷牙啦!(独立刷牙)

**我们为什么这样做?**

儿童能自己完全独立地完成刷牙的整个过程,养成良好的口腔卫生习惯。

---

**儿童需要准备的**

双手的运动技能,手臂的肌肉力量。

**成人需要准备的**

水、牙刷、牙膏。

---

**开始玩吧!**

- 告诉儿童现在该刷牙了。
- 向儿童示范刷牙的过程。一开始的时候,给儿童一把牙刷和水杯，不要挤上牙膏，让儿童跟随成人的动作，作刷牙的动作练习。成人在刷牙时，要强调把刷牙水吐出。

- 让儿童先漱口，再把挤好了牙膏的牙刷递给儿童。
- 让儿童自己拿着牙刷上下刷牙，大牙的牙槽平着刷。吐出刷牙水。
- 在刷牙的过程中给儿童必要的身体支持以及语言提示。逐渐减少你所提供的帮助。
- 在儿童刷牙的时候成人需要监管以及提供帮助，甚至演示。

## 我们还可以这样玩！

- 将刷牙作为餐后的一项生活常规。鼓励儿童给自己喜欢的玩偶刷牙。如果家中老人有假牙，也可以让儿童帮助老人刷假牙。

## 🔔 特别要注意的事情

- 一些儿童当使用电动牙刷时会做得更好，并愿意花更多的时间去刷牙。一个沙漏可以鼓励儿童花必要的时间去完成刷牙。刷牙必须持续两分钟以上。
- 将饭后刷牙作为一项日常规范。鼓励儿童给喜欢的玩偶刷牙。一个嘴巴能打开且有牙齿的玩偶可以更好地帮助儿童练习刷牙技能。

## 掌握了吗？

儿童在大多数情况下能独立刷牙。

如何 发展自闭谱系障碍儿童的自我照料能力

## （二）如厕

### 43. 能表明换尿布的意愿

**我们为什么这样做？**

这个活动是儿童发展如厕技能的起点，也是儿童与成人沟通的一部分。

**儿童需要准备的**

无。

**成人需要准备的**

尿布。

**开始玩吧！**

- 出生一年之后，儿童就能对换尿布的需要做出明确的表示，如语言、指点、跨大腿走路等。
- 在发现诸如上述的信号之后，就问儿童"是要嘘嘘了吗？是不是需要换尿布了？"检查儿童的尿布是否已经尿湿。
- 如果尿布已经湿了，成人就需要一边给儿童换尿布，一边跟儿童讲述换尿布的过程。

- 换掉的脏尿布，和儿童一起扔掉。

🔔 **特别要注意的事情**

- 要注意观察儿童换尿布的动作示意，即便成人对于这些动作的含意很明确了，也要通过语言来询问，并尽可能要求儿童有反馈。
- 不要让儿童过长时间地穿着弄湿或弄脏的衣物，这很重要。儿童需要对湿、脏的感觉与换尿布的需要建立联结。
- 如果你不断检查儿童的尿布，却发现儿童的尿布没有弄湿或弄脏，你应仔细辨认儿童给出的口头或行为信号。你可能需要帮助儿童对换尿布的需要建立起一个比较明确的信号，或者你需要对儿童换尿布的信号更加仔细地辨别。

**掌握了吗？**

儿童能够清晰地用语言或者行为来表明换尿布的需要。

## 44. 乖乖换尿布（配合成人换尿布）

**我们为什么这样做？**

培养儿童与照料者之间在换尿布上的默契。

# 如何 发展自闭谱系障碍儿童的自我照料能力

**儿童需要准备的**

无。

**成人需要准备的**

尿布。

## 开始玩吧！

- 当需要换尿布时，告诉儿童他的尿布已经湿了或脏了，需要换个干净的尿布。
- 儿童能以以下方式来配合换尿布：允许你脱他的尿布，走到换尿布的固定地点，爬到换尿布的桌子上。
- 儿童应在换尿布时，稳稳地躺着，不乱动。
- 在换尿布时，给儿童一些语言提示，或一些能转移儿童注意力的事物，如一个儿童喜爱的玩具。

## 🔔 特别要注意的事情

- 对那些正在学步的儿童来说，换尿布是一种挑战，因为他们一整天都只想四处走动。因此当换尿布时，给他们提供一个玩具，对于换尿布来说可能会有所助益。
- 对那些十分抗拒躺下的儿童，一个可选的方案就是，站着给他们换尿布。这要求儿童在换尿布整个过程中都能站得稳稳的。

**掌握了吗？**

儿童在换尿布时积极配合，能积极为换尿布做好准备，以及在换尿布过程中保持身体相对的静止。

## 45. 屁屁干干爽爽(能保持 2~3 小时不尿湿)

**我们为什么这样做？**

帮助家长掌握儿童的排尿规律，帮助儿童养成良好的排尿的时间间隔，为如厕训练做好准备。

**儿童需要准备的**

无。

**成人需要准备的**

尿布。

**开始玩吧！**

- 这并不是一个可以教学的技能，而是一个可以进行如厕训练的信号。
- 每 2~3 个小时检查一下儿童的尿布是否需要更换，以确定儿童尿尿的频率。
- 对儿童何时尿尿有一个清楚的意识，特别是当儿童排尿呈现出一定规律时。

🔔 **特别要注意的事情**

- 确保儿童的尿布大多数时间内是干燥的,以免儿童因为整天穿着湿尿布而感到不舒服。确保儿童对干湿两种感觉能够明确辨别。

**掌握了吗?**

儿童在每隔 2～3 个小时内,尿布是干燥的。

## 46. 我会嘘嘘(会坐着小便)

**我们为什么这样做?**

帮助儿童将坐在便盆上与小便建立联系。

---

**儿童需要准备的**

有一定的排尿规律。

**成人需要准备的**

儿童便盆。

**开始玩吧!**

- 当儿童能在连续的2~3个小时内不尿裤子时,就可以开始如厕训练了。
- 在儿童通常要尿尿的时间内,让儿童坐到便盆上,告诉儿童现在该尿尿了。
- 选择一个适合儿童大小的便盆很重要,这样可以使得儿童舒服地坐在便盆上。如果你给儿童提供一个小台阶以及一个儿童座,一些儿童也能使用普通的厕所。
- 当儿童能够成功地尿尿时,对儿童进行表扬。
- 除了儿童常规需要上厕所的时间,对其他时间内儿童在语言或身体上提示想上厕所的信号也应引起注意。
- 通过不断在儿童有尿意时将其带到厕所,儿童能够逐渐将身体上的尿意与上厕所联系起来。鼓励儿童告诉你,他什么时候想上厕所。

**我们还可以这样玩!**

- 如果有一个能变湿的娃娃来演示上厕所的过程,对于儿童学习如厕是十分有帮助的。其他儿童使用厕所的榜样效应对那些刚开始学习如厕的儿童也是十分有帮助的。

🔔 **特别要注意的事情**

- 不论是男孩还是女孩,都是首先学会坐着尿尿的。

**掌握了吗?**

当被放在便盆上时,儿童通常都会小便。

### 47. 坐着拉臭臭(在便盆上时能大便)

**我们为什么这样做?**

帮助儿童建立坐在便盆上与大便的联系。

---

**儿童需要准备的**

儿童已经很好地掌握了坐的姿势。

**成人需要准备的**

儿童便盆。

---

**开始玩吧!**

- 当儿童的大便呈现出一定的规律时,就可以开始进行大便的如厕训练了。
- 通常在餐后一小时左右,儿童可能会大便。
- 当需要大便的时候,很多儿童会在身体以及面部表情上给予成人提示。当你发现任何儿童想要大便的信号,或到了儿童通常上厕所的时刻,就让儿童坐在便盆上。
- 当儿童如厕时,可以给儿童看一些童话书,或者给儿童讲一些故事,以让儿童在便盆上多坐一会。

- 当儿童顺利大便时,成人可以给予口头表扬:"今天表现很好,坐在便盆上拉臭臭了!"

🔔 **特别要注意的事情**

有些儿童可能会玩排泄物。当着儿童的面,将脏的尿布丢入便盆,帮助儿童了解排泄物应当丢弃,不可玩耍。

**掌握了吗?**

当坐在便盆上时,儿童大多能够大便。

## 48. 按时排便训练

**我们为什么这样做?**

培养儿童按时大小便的习惯。

*儿童需要准备的*
儿童能稳稳地坐在便盆上。

*成人需要准备的*
儿童便盆。

**开始玩吧!**

- 建议在开始时每隔90分钟就带儿童进一次卫生间,让他坐在马桶上。如果儿童做得好,就每隔3分钟左右奖励他一次。

- 你可以唱唱歌、给他看书或者让他玩玩具。不过不能因为游戏而让孩子分心。
- 如果儿童没有排便,就把间隔时间缩短为60分钟;如果他大便或者小便了,就重新把时间间隔设定为90分钟。
- 如果儿童排便了就应该给他奖励与强化。儿童排便后就可以离开卫生间,继续进行他原来的活动。
- 如果儿童在原先的时间间隔上已经能够保证顺利排尿排便,这时可以考虑逐渐增加时间间隔,一般每次增加15分钟。
- 帮助儿童找到他最适宜的时间间隔。

🔔 特别要注意的事情

- 按时大小便训练的间隔时间不能太短,一般在一个小时到两个小时之间,因儿童而异。
- 不能等到儿童表现得"憋不住"了,才带儿童进厕所。这会导致儿童意外尿湿裤子,也会使得儿童难以形成按时上厕所的习惯。在进行大小便的训练时,除非是在晚上和午睡时间,请不要再给儿童使用尿布。
- 要是儿童没有大小便,则不要给予任何评论,带儿童离开,继续原来的活动就可以了。

| 第三部分 | 做一做，让宝宝快快长大！

- 一些儿童可能会害怕马桶圈。儿童不愿在马桶上大小便的常见原因有，感到不安全，马桶圈离地太远，马桶圈太冷。如果马桶圈离地太远，可以在马桶前加一个小台阶，或者为儿童购买一个合适的儿童便盆器。

**掌握了吗？**

儿童能够在一定时间间隔之后，自行进入厕所。

### 49. 我想上厕所！（告知如厕需要，很少出"意外"）

**我们为什么这样做？**

让儿童有意识地用一定的方式表明自己如厕的意愿。

**儿童需要准备的**

一定的语言能力。

**成人需要准备的**

儿童便盆。

**开始玩吧！**

- 这个条目是上两个条目的延伸，要求儿童越来越清晰地表明想要上厕所的需求。
- 白天的时候，时常检查儿童的裤子，并询问儿童"你想要上厕所吗?"

- 将儿童带到卫生间。如果儿童成功如厕,就应给予儿童一定强化。

- 留心儿童以非言语的方式来表明自己想要上厕所的意愿,如果儿童确实是需要上厕所,却没有表达,成人应该告诉儿童:"你现在需要上厕所了。"

- 如果儿童到了四岁还拒绝如厕训练,家长可以咨询心理学家。

🔔 特别要注意的事情

- 成人应警觉儿童想上厕所的言语和非言语表达。语言能力较差的儿童可能通过摸下身来表明想要上厕所。

- 确保儿童上厕所时有一个舒适的环境。如果恰好带正在如厕训练的儿童一起外出,家长最好带上儿童便盆。

- 如果儿童将大小便排在身上时,可以采用以下方法:尽量让他帮忙清除排泄物,让儿童体验到收拾脏污衣服和清洁卫生的辛苦,起到温和阻碍的作用。但对一些对"排泄物"有特殊喜爱的儿童,就不必让他们参与清洁了。接着让儿童从大小便的"意外"场地,走到厕所去,练习几次。无需对儿童的"意外尿出"大为光火,这是一个渐进的过程。

| 第三部分 | 做一做，让宝宝快快长大！

**掌握了吗？**

儿童能表明自己想上厕所的意愿，并很少发生"意外"。

### 50. 我会上厕所啦！（能自己上厕所，擦屁屁除外）

**我们为什么这样做？**

帮助儿童学会基本的如厕程序，养成良好的卫生习惯。

> **儿童需要准备的**
> 
> 自由移动的能力，能够简单拉上和脱下裤子。
> 
> **成人需要准备的**
> 
> 儿童便盆、容易脱去的裤子。

**开始玩吧！**

- 在儿童有了几次成功的如厕经验之后，仍然给他穿开裆裤和容易脱下的裤子。
- 当儿童不再急匆匆地跑去厕所时，鼓励儿童自己脱下裤子。让儿童安静地坐在马桶上，等待一会。
- 在拉好臭臭之后，给儿童几张卫生纸，告诉儿童自己把屁屁擦干净。这时儿童可能需要成人的帮助才能完成擦屁屁。
- 在擦完屁屁之后，鼓励儿童自己将裤子拉起来，冲一冲马桶,然后去洗手。

- 当儿童表现出能独立完成时,渐渐减少帮助,鼓励儿童一个人上厕所,当需要擦屁屁时,父母需进到厕所帮助其完成清洁工作。
- 在集体环境中(如幼儿园),儿童独立使用厕所的能力会得到其他已经达到这个能力阶段儿童行为的激励。

🔔 **特别要注意的事情**

- 对儿童语言和身体上如厕的信号保持警惕。儿童有时会因过度沉迷于游戏,而忘记了他们生理的信号。
- 厕所中的物品是儿童可以接近的,以确保儿童能够独立使用厕所。移去不必要的危险物品。

**掌握了吗?**

除擦屁屁之外,儿童能独立使用厕所。

## 51. 能自己擦屁屁

**我们为什么这样做?**

擦屁屁是一项对儿童精细动作要求很高的活动,所以我们独立出来,单独作为一个活动。

> **儿童需要准备的**
>
> 手部的精细动作，上肢的粗大运动能力。
>
> **成人需要准备的**
>
> 厕所、卫生纸、湿纸巾。

**开始玩吧！**

- 在儿童大便之后，告诉儿童拿一些卫生纸擦屁屁。
- 最好教儿童从前往后进行擦屁屁，以免引起尿路感染。
- 当儿童站着的时候，擦屁屁对他们来说更容易成功。
- 鼓励儿童多次擦屁屁，使用新的卫生纸。在最后一擦的时候，让儿童使用湿纸巾。

🔔 **特别要注意的事情**

- 擦屁屁对很多儿童来说都是一项不小的挑战，因为儿童在擦屁屁的过程中，没有视觉上的反馈。父母在儿童完成擦屁屁的时候，给予他明确的反馈，对其成功进行鼓励。

**掌握了吗？**

儿童在大多数情况下，能够在便后成功地擦干净屁屁。

如何 发展自闭谱系障碍儿童的自我照料能力

## 三 着 装

### 52. 哈，又见面了！（穿衣/脱衣时的合作）

**我们为什么这样做？**

对于低年龄段的儿童，在自我照料方面能配合成人，是其走向独立生活的基础之一。

> **儿童需要准备的**
> 
> 无。
> 
> **成人需要准备的**
> 
> 容易穿上和脱下、宽松的衣服，如 T 恤。

**开始玩吧！**

- 告诉儿童"我们来玩穿衣服游戏喽！"
- 要求儿童将两手臂伸出来，配合你穿进衣服的袖口中。
- 将 T 恤套到儿童头上时，跟儿童说："哦，变黑了，再见！"

- 当儿童穿上T恤,露出脑袋时,夸张地跟儿童打招呼"又见面了,hello!"
- 帮助与鼓励儿童将T恤脱下来。

我们还可以这样玩!

- 当给儿童穿不需要套头的上衣和裤子时,可以跟儿童认知身体部位。
- 成人说出触碰的儿童的身体部位。
- 鼓励儿童去移动这些被叫到名字的身体部位,如手臂、腿。
- 儿童正确反应时,可以表扬或轻拍儿童的相应部位。

🔔 特别要注意的事情

- 如果当T恤被粗暴地套到头上,或者穿衣过于忙碌,儿童可能会对穿衣和脱衣反感。跟儿童讲述正在发生什么。用足够的时间来让儿童参与到甚至帮助穿衣和脱衣这个过程中。

掌握了吗?

在穿衣和脱衣时,儿童表现出合作。

## 53. 我要出来!(能脱掉只有部分穿在身上的简单衣物)

我们为什么这样做?

帮助儿童学习脱衣服的技巧。

## 如何 发展自闭谱系障碍儿童的自我照料能力

**儿童需要准备的**

手臂的运动技能，良好的抓握能力。

**成人需要准备的**

T恤、棉毛衫。

**开始玩吧！**

- 学习怎样脱衣服的第一步是儿童能够将已经脱掉一些的衣服脱掉。如将已经从手臂等处脱掉的T恤从头部拉出，将已经脱到脚底心的袜子脱掉等。
- 帮助儿童抓住已经部分脱掉的衣物，一开始可以握着他的手，将衣物脱去，而后随着儿童的能力渐长，让儿童自己脱衣物。

**我们还可以这样玩！**

- 可以将脱衣服这个活动变成一个游戏。儿童把T恤从头部拉出来的时候可以跟儿童玩躲猫猫的游戏。
- 鼓励与帮助儿童将T恤从头部拉出。
- 无论是在穿衣还是在脱衣时，都给儿童一些参与的机会，让儿童逐渐练习独立着装的技能。

**🔔 特别要注意的事情**

- 在刚开始的时候，让儿童从脱掉宽松的衣物做起。

**掌握了吗？**

儿童能成功地将已经脱掉手臂等处的T恤拉出头部，然后完全脱下来。

## 54. 这个很容易(脱掉小件衣物)

**我们为什么这样做？**

让儿童能自己脱掉小件的衣物。

> **儿童需要准备的**
>
> 手指的精细运动能力，手臂的粗大运动能力。
>
> **成人需要准备的**
>
> 袜子，露指手套，帽子，鞋子。

**开始玩吧！**

- 将儿童的注意力吸引到你正在帮儿童脱去衣物这件事上来，可通过谈论这个过程以及鼓励他去参加来达到目的。
- 成人开始脱衣物的过程，让儿童来结束这个过程。如父母将鞋子部分地从儿童的脚上脱去，让儿童完成脱去鞋子的剩下过程。
- 无论穿衣还是脱衣，都要给儿童能帮助成人的机会。

- 在整个过程中不断帮助儿童,并渐渐减少你的帮助。使用不同的衣物,来帮助儿童练习。

**我们还可以这样玩!**

- 当戴帽子的时候,可以玩"戴高帽"的游戏,给儿童戴上很多顶帽子,鼓励儿童把帽子摘下来。

🔔 **特别要注意的事情**

- 在夏天训练这个技能更为合适,冬天儿童厚厚的衣物会影响儿童的手臂运动能力,而使得整个活动困难重重。

**掌握了吗?**

儿童能自己脱掉袜子等小件衣物。

## 55. 哗啦一下就拉开(能够拉开拉链穗较大的拉链)

**我们为什么这样做?**

帮助儿童学会拉开拉链穗较大的拉链。

> **儿童需要准备的**
> 
> 手指捏住较小物体的能力,如地上的小纸片。
> 
> **成人需要准备的**
> 
> 有拉链的衣服,如果儿童衣物的拉链穗都很小的话,家长可以在拉链穗上外加一个附属物,这样儿童比较容易抓握。

## 开始玩吧!

- 向儿童展示如何将裤子和衣服上的拉链拉开。

- 将拉链拉下后,让儿童自己来将拉链拉开。

- 如果儿童没有反应,或者抓不到拉链穗,可以将拉链穗放到儿童的手中。如果儿童不能很稳地抓住拉链穗,亦可以通过在拉链穗上增加一个附加物,如钥匙环,来让儿童更轻松地抓到拉链。

- 如果儿童能抓到拉链,但不知道如何将拉链拉上,家长可以轻轻握住儿童的手,帮助他将拉链拉起来。只要儿童能向下拉了,就应尽快停止你所给予的帮助。

- 在儿童拉拉链的时候,家长需要帮着将衣物的底部拉住。

## 我们还可以这样玩!

- 家里的枕头、被套、小书包上的拉链也可以让儿童练习拉拉链。

## 🔔 特别要注意的事情

- 如果儿童衣物的拉链穗都很小的话,家长可以在拉链穗上外加一个附属物,这样儿童比较容易抓握。一个可爱的附属物,也能提高儿童对于活动的兴趣。

- 这个活动中,不要求儿童上好衣物拉链底部的小锁扣,因为这对儿童的精细动作要求很高。

**掌握了吗?**

儿童能自己拉开自己衣物上的拉链。

## 56. 上上下下的帽子(戴帽子)

**我们为什么这样做?**

儿童学会自己戴帽子和脱帽子。

**儿童需要准备的**

无。

**成人需要准备的**

容易戴上和脱下的帽子。

**开始玩吧!**

- 把帽子给儿童,并说:"把帽子戴到头上。"
- 家长先自己做出把帽子戴到头上的动作。把帽子戴到儿童脑袋上,再拿开,并说:"这下,你自己来戴帽子吧!"
- 有条件的话可以提供多款帽子供儿童挑选,儿童会更乐意参与。

- 最好在镜子前面完成,这样儿童可以通过镜子看到他已经把帽子戴到头上了。

**我们还可以这样玩!**

- 玩装扮游戏对儿童来说是一个有趣的活动。鼓励儿童将戴上帽子作为该游戏的一部分。
- 提供不同形状和种类的帽子,可以带儿童去商场试各种不同的帽子,也可以为活动带来乐趣。

**掌握了吗?**

儿童能够在没有帮助的情况下自己戴上和脱下帽子。

## 57. 能自己脱开衫、夹克衫和宽松裤等

**我们为什么这样做?**

儿童能脱去一些简单的外套。

**儿童需要准备的**

会拉开拉链。

**成人需要准备的**

较为宽松的衣物,如夹克衫、牛筋腰的裤子。

## 如何 发展自闭谱系障碍儿童的自我照料能力

**开始玩吧!**

- 当开衫前面的拉链已经拉开了之后,让儿童自己把开衫脱掉。向儿童展示,如何用一只手将另一只手的衣袖脱去。

- 通过"将开衫脱掉"以及触碰儿童的身体,来提醒儿童开始脱去衣物。

- 通过手把手地教,让儿童学会自己脱裤子。让儿童将大拇指抠进裤腰中,用手抓住裤腰,往下拉。儿童将裤子脱到膝盖之后,让儿童坐到凳子上,再将裤子从腿上脱下来。

- 如果儿童完成这些步骤有困难,可以告诉儿童该怎么做或者手把手教,来让儿童开始这个脱衣服的过程。

🔔 **特别要注意的事情**

- 在自然情境下,穿衣和脱衣这两个过程一天中会发生很多次,每一次发生时,都应该鼓励儿童尽可能地自己完成。儿童完成得不错,或增加了独立性,一定要对他进行表扬。

**掌握了吗?**

儿童能够自己将一些简单的衣物脱去,如开衫、夹克衫。

### 58. 脱鞋

**我们为什么这样做?**

帮助儿童学会脱鞋的技能,儿童三岁左右就应该让他自己试着脱鞋了。

> **儿童需要准备的**
> 
> 上下肢相互协调的能力。
> 
> **成人需要准备的**
> 
> 容易脱去的鞋子,如一些搭扣式的鞋子、拖鞋。

**开始玩吧!**

- 告诉儿童把鞋子脱掉,最好是在自然的情境下(如刚进门换鞋时)。

- 如果儿童有困难,可以帮助儿童将脚后跟从鞋子中脱出来,让儿童完成剩下的部分。

- 在脱鞋的过程中,在儿童需要时帮助儿童。如果儿童有困难,请先从宽松的鞋子开始,如松紧鞋、拖鞋。

🔔 **特别要注意的事情**

- 为穿衣准备多样的鞋子和靴子。较大的鞋子能提供一些比较容易的练习。

**掌握了吗?**

儿童能自己独立完成脱鞋。

## 59. 脱外套

**我们为什么这样做?**

儿童能脱一些宽松的有袖外套,脱去有袖子的外套对于儿童来说有一点难,需要多练习几次。

> **儿童需要准备的**
> 
> 儿童上肢活动的粗大运动技能。
> 
> **成人需要准备的**
> 
> 儿童常穿的外套(最好是正合身,或稍大一些的)。

**开始玩吧!**

- 告诉儿童脱去他的外衣,最好是在正需要脱衣服时(当进入教室的时候)。
- 如果儿童还不会解纽扣,帮助儿童解开纽扣。
- 如果儿童脱衣服有困难,可帮助儿童将衣服稍稍脱到肩头。接下来让儿童自己脱去外套。
- 如果冬天穿得衣物较多,就帮助儿童把一只手臂从外套中脱出来,让他完成剩余的步骤。

- 当儿童脱下外套之后,让儿童把外套放在固定的位置。

🔔 **特别要注意的事情**

- 在教室中,提供挂钩,让儿童在脱去外套之后可以将衣服挂起来。在挂钩上贴上儿童的名字和图片,可以帮助儿童更快地找到自己的挂钩。

**掌握了吗?**

儿童能自己脱去外套,不需要成人的帮助。

## 60. 我会穿裤子了!(会穿裤子和袜子)

**我们为什么这样做?**

帮助儿童学会独立穿上裤子和袜子等的技能。

**儿童需要准备的**

四肢的粗大动作技能,手臂具有良好的肌肉力量。

**成人需要准备的**

牛筋腰的裤子、短筒靴、袜子等。

**开始玩吧!**

- 将一条裤子放在儿童面前,告诉儿童,"现在该自己穿衣服了"。

## 如何发展自闭谱系障碍儿童的自我照料能力

- 如果儿童不知道怎样将裤子穿上,通过站在儿童背后,手把手地将裤子穿在儿童身上,来教儿童如何穿裤子。

- 在帮助儿童穿裤子的时候,给予儿童一定的语言提示:"先将一条腿放进裤筒里,再将另一条腿放进裤筒里,然后将裤子拉上来。"

- 开始时,可以先帮儿童将裤子穿到膝盖处,让儿童完成剩下的步骤。对于穿袜子,可以遵循以上的方法,当袜子穿上儿童的脚趾时,让儿童自己完成余下的步骤。

🔔 **特别要注意的事情**

- 儿童常常喜欢穿成人的衣物,可以让儿童用成人的衣物来玩穿衣游戏。向儿童提供多种的袜子、裤子、帽子,让儿童来练习穿衣服的技能。

**掌握了吗?**

儿童能自己独立地穿上一些衣物,如裤子、鞋子和袜子。

## 61. 引蛇出洞(会穿T恤)

**我们为什么这样做?**

让儿童学会自己穿T恤。

> **儿童需要准备的**
>
> 手指的精细动作,手臂的粗大运动技能。
>
> **成人需要准备的**
>
> 领口较为宽松的T恤。

### 开始玩吧!

- 告诉儿童今天我们玩的是引蛇出洞,儿童的小脑袋就是蛇头,T恤的领口就是个蛇洞。先教儿童用双手将T恤从下到上捋起来,留出领口。
- 让儿童自己将领口套在头上,用力往下拉,露出脑袋。
- 帮助儿童将袖口找到,将手臂伸到衣袖中一只只地将手伸出袖子。
- 最后让儿童自己整理好衣服下摆。当儿童穿好衣服后,对儿童进行夸赞。
- 穿毛衣等套头衣服时,和穿T恤的动作步骤是一样的。

### 🔔 特别要注意的事情

- 成人可能需要帮助儿童辨认衣物的正反面、前后面等。
- 在夏天,让儿童尽量自己来完成穿衣服的任务。

### 掌握了吗?

儿童能自己穿上T恤。

## 62. 给娃娃脱衣服(解纽扣)

**我们为什么这样做？**

锻炼儿童双手的精细动作，让儿童学会解开较为宽松的扣子。

> **儿童需要准备的**
>
> 手指能够拿较小的珠子或纸片，手眼协调能力较好。
>
> **成人需要准备的**
>
> 穿衣娃娃(衣服带有纽扣)。

**开始玩吧！**

- 将穿衣娃娃给儿童，告诉儿童将纽扣解开。
- 如果儿童不知如何将纽扣解开，应向儿童示范解纽扣的过程2~3遍，再手把手地教儿童解纽扣。
- 儿童应一手轻轻拿住纽扣洞眼附近的衣料，另一手抓住纽扣并将纽扣从扣洞中推出来。
- 一般来说，让儿童给他人解纽扣会比较容易，因为儿童容易看见纽扣。家长可以先让儿童学会帮他人解纽扣，再让儿童解自己的纽扣。
- 解拉链等也可以用类似的方法进行教学。

## 我们还可以这样玩！

- 一些藏有美丽图案的解纽扣板会很受儿童的喜爱，如果是一群儿童玩这个游戏，他们还能相互交流所看到的图案呢。

## 🔔 特别要注意的事情

- 跟儿童玩穿衣脱衣游戏时，可以挑选一些容易解开扣子的衣物。在这个年龄阶段，儿童的目标是独立完成解纽扣，并将衣物从娃娃身上脱去。在下一个阶段，将是儿童能够独立地完成扣纽扣和穿衣。

## 掌握了吗？

儿童在脱衣服时能独立地解开纽扣。

# 63. 扣纽扣

## 我们为什么这样做？

儿童能双手协调，扣上较为宽松的扣子。

**儿童需要准备的**

手指的精细动作，较好的手眼协调能力。

**成人需要准备的**

外套、衬衫或其他纽扣容易扣起来的衣物。

### 如何 发展自闭谱系障碍儿童的自我照料能力

**开始玩吧！**

- 给儿童穿上一件衣服正面有纽扣的外衣，告诉儿童把扣子扣起来。

- 让儿童先扣衣服最下边的一个纽扣，这样儿童更容易看见纽扣，也更容易操作。

- 如果儿童不知道怎样扣纽扣，先向他展示扣纽扣的过程2~3次。

- 成人站在儿童身后，握住儿童的手，但不要太紧了，让儿童能自己完成系扣子所必要的动作。

**我们还可以这样玩！**

- 在家里和幼儿园活动中可以进行穿衣游戏，特别是有扣子的衣服的穿衣游戏。

- 也可以用穿衣娃娃来练习扣纽扣的技巧。

**掌握了吗？**

儿童能扣几种不同衣服上的容易扣的纽扣。

## 64. 拉上拉链

**我们为什么这样做？**

掌握拉上拉链的技巧，尤其是插拉链的技巧，训练儿童良好的手眼协调能力。

> **儿童需要准备的**
>
> 良好的手眼协调能力，手指的精细动作。
>
> **成人需要准备的**
>
> 胸前带拉链的夹克衫。

**开始玩吧！**

- 在儿童穿上夹克衫之后，告诉他拉上拉链。
- 向儿童展示如何一手握住拉链的底部，一手将拉链的另一边插入拉链底。
- 如果儿童在完成这个步骤上有困难，那就在儿童插拉链的时候，帮助儿童稳住拉链底部。
- 提醒儿童在把拉链拉上去的时候，要用另一只手拉住拉链的底部。
- 在儿童未穿上夹克衫时，可以先让儿童练习几遍。

**我们还可以这样玩！**

- 当家长穿带有拉链的衣服时，也可以让儿童帮忙来拉拉链，并对儿童的完成进行鼓励。
- 帮助别人拉拉链对孩子来说会容易得多。

如何 发展自闭谱系障碍儿童的自我照料能力

🔔 **特别要注意的事情**

- 插好拉链是拉上拉链的关键,在教授时,家长可以先教会儿童这个技能。

**掌握了吗?**

儿童能拉上上衣胸前的拉链。

## 65. 穿毛衣

**我们为什么这样做?**

让儿童学会自己穿毛衣。

---

**儿童需要准备的**

儿童已经会穿 T 恤。

**成人需要准备的**

毛衣。

---

**开始玩吧!**

- 当早晨起床需要穿衣服的时候,告诉儿童:"今天,宝贝要自己来穿衣服喽!"然后把衣服递给儿童。
- 可以把穿毛衣的任务分为三步。

第一步先把毛衣套在头上而使脑袋伸出来。

第二步把一只胳膊伸进一个袖子里去并使手伸出来。

第三步再把另一只手从另一个袖子里伸出来。

- 在开始训练时帮助儿童完成前面两步,而儿童自己完成第三步。在孩子成功之后,再让他依次做前两步。

**我们还可以这样玩!**

- 穿T恤、毛衣、棉毛衫等的步骤都极其类似,家长可以提供多种不同的活动方式。

**掌握了吗?**

儿童能自己穿上毛衣。

## 66. 蝴蝶飞飞(学系蝴蝶结)

**我们为什么这样做?**

学会系蝴蝶结为系鞋带做好准备。

---

**儿童需要准备的**

手指的精细动作能力,能抓住细小的绳子。

**成人需要准备的**

略粗的绳子若干段,小木棒(可用筷子代替)。

## 如何发展自闭谱系障碍儿童的自我照料能力

**开始玩吧!**

- 给别人系上蝴蝶结总是比给自己系蝴蝶结要容易得多。
- 2~3人参与游戏,每人一根小木棒。
- 先念完口号:"蝴蝶飞呀飞,飞到木头上。"大家各拿一段绳子,念出打蝴蝶结的小口诀:"一根小绳子,绕着木头转一圈,先打一个结。一只小翅膀,两只小翅膀,再打一个结,抓住小翅膀,用力拉一拉。"
- 刚开始时动作要慢,让儿童搞清楚每一步是如何操作的,当能完成时才开始做下一个动作。
- 多练习几次。

**我们还可以这样玩!**

- 可以让参与游戏的人轮流来进行,比一比谁的蝴蝶结系得最好,也可以同时进行,比一比谁的蝴蝶结系得最快!

🔔 **特别要注意的事情**

- 在刚开始的时候,可以先让儿童记住口号和口诀,只要求儿童能够把绳子系在小木棍上就好。这个活动跟儿童的手部小肌肉的发展有密切关系,因此需要儿童具有一定的精细动作的基础。

**掌握了吗?**

儿童能够将蝴蝶结基本系在小木棍上。

## 67. 我是小小服装师（认识并简单搭配衣物）

**我们为什么这样做？**

帮助儿童认识各类衣物，为儿童自己搭配衣物做好准备。

**儿童需要准备的**

无。

**成人需要准备的**

各类衣物的实物图片若干。

**开始玩吧！**

- 将各类衣物图片呈现在儿童面前，让儿童简单指认。
- 成人拿出一件上衣，让儿童为上衣挑选合适的裤子、鞋子以及帽子。
- 成人为儿童所搭配的服装拍照。
- 成人与儿童共同分享照片，对儿童搭配合理之处进行表扬，不合理之处进行指正。
- 成人应该鼓励儿童进行多样化的搭配，但要注意相同季节的衣服应搭配在一起。

**我们还可以这样玩！**

- 在早晨起床的时候，提供两件衣物让儿童挑选，这能培养儿童衣物搭配的能力，也是培养儿童为自己的事情作出决定的开端。

### 🔔 特别要注意的事情

- 在这个活动中，要特别提醒儿童注意对不同季节中衣物搭配的区别。

### 掌握了吗？

儿童能指出常见衣物的名称，并简单合理地搭配衣物。

## 68. 穿衣的综合运用

### 我们为什么这样做？

培养儿童综合运用穿衣的各种技能。

---

**儿童需要准备的**

儿童已经基本掌握上述活动中的各类穿衣技能。

**成人需要准备的**

穿衣娃娃。

---

### 开始玩吧！

- 儿童和成人一起参与。设置情境，如天黑了来给娃娃脱衣、睡觉，天亮了来给娃娃穿衣起床。

- 在给娃娃脱衣/穿衣之前,成人可以先提问:"等会你要怎么做呀?"让儿童先复述一遍穿衣/脱衣的顺序(合理即可)。
- 在儿童给娃娃脱衣和穿衣的时候,家长可以在一旁协助,也可以根据情境,为这个活动编制一个小故事。
- 儿童一边听家长的故事,一边完成活动。如:"宝宝的妈妈先给宝宝脱去了上衣,嗯,现在他正在解纽扣呢,扣几个纽扣呀?"

🔔 **特别要注意的事情**

- 在给娃娃穿衣和脱衣的过程中,需要综合地运用到很多之前所学习的技巧,难度比较高,儿童可能会因遇到一些困难而感到沮丧。成人应在儿童束手无策或想要放弃时,给予一定的指导与帮助。

**掌握了吗?**

儿童能够按顺序给娃娃脱衣/穿衣。

## 如何 发展自闭谱系障碍儿童的自我照料能力

## 四 休闲与自我管理

### 69. 妈妈来了，我不哭(在拿到或碰到奶瓶/母亲时不哭泣)

**我们为什么这样做？**

观察儿童是否具有良好的情绪情感，培养儿童与成人之间的情感联系。

> **儿童需要准备的**
>
> 无。
>
> **成人需要准备的**
>
> 奶瓶或母亲的乳房。

**开始玩吧！**

- 在非喂食时间，给哭泣的儿童额外的时间看到奶瓶或母亲的乳房。
- 在喂食前通过将奶瓶或母亲的乳房短暂地呈现在婴儿的视

线正前方,来吸引儿童的注意力。
- 留心观察儿童在需要喂食时,看到奶瓶或母亲之后是否会安静下来。

🔔 特别要注意的事情

- 这个活动非常重要,因为它能帮助儿童将需要的表达(如哭泣),他人对需求的反应以及儿童改变沟通(如停止哭泣)的方式建立起联系。
- 保证每个给儿童喂奶的照料者都遵从相同的程序。在儿童吸奶之前让儿童能够看到奶瓶。

掌握了吗?

在儿童触碰到奶瓶或乳房时,儿童就会停止哭泣。

## 70. 轻摇、抱着或对其讲话时不哭泣

我们为什么这样做?

培养儿童与成人之间的依恋。

| 儿童需要准备的 |
| --- |
| 无。 |
| 成人需要准备的 |
| 无。 |

## 如何发展自闭谱系障碍儿童的自我照料能力

**开始玩吧!**

- 当儿童表现出沮丧或正在哭泣时,首先将身子倾斜在儿童身上,跟儿童柔声讲话,来安慰儿童。

- 如果儿童对讲话没有反应,就试着在跟儿童讲话时轻拍儿童。

- 如果儿童此时仍然表现得很沮丧,将儿童轻轻地抱起来,试着将儿童的手臂靠近儿童的身体,如此他的手臂就不会四处乱动。

- 如果此时儿童仍然不开心,在抱着儿童时,轻轻地摇儿童。试着用不同的姿势抱儿童,如让儿童趴在肩头,横着抱,让儿童坐在你的腿上,头顶着你的胸部等,以寻找让儿童最舒服的姿势。

🔔 **特别要注意的事情**

- 在儿童沮丧时快速地安慰儿童,这一点很重要。这样能够让儿童体会到他是会很快得到帮助的。除哭以外,对儿童的其他表达给予反应也是非常重要的,否则儿童会误以为哭泣是唯一的表达方式。

- 在安慰儿童时,最好按"过程"中的方式一步一步给予最小的帮助,这样能够让儿童学习如何自己安慰自己。

**掌握了吗?**

在安慰一段时间之后,儿童能够变得安静,如 3 分钟。

## 71. 平静下来

**我们为什么这样做？**

培养儿童良好的接触安慰，让儿童有良好的情绪控制的基础能力。

**儿童需要准备的**

无。

**成人需要准备的**

一条小毯子。

**开始玩吧！**

- 当儿童表现出沮丧或开始哭泣，特别是当儿童疲劳时或久哭不止时，用一块小毯子，将儿童整个身体（除头部外）轻轻地包裹起来。这样做的目的是让儿童在成人的帮助下学会使自己安静下来。毛毯等毛绒物品能让儿童感到安全。

- 在将他放到婴儿床上前，给儿童轻轻地哼一首歌，轻轻地将他抱在怀中摇一摇。很多儿童都会迅速地安静下来，并进入梦乡。

- 如果儿童继续哭泣，就有节奏地轻拍他。

- 包裹儿童可以在日常生活的基础上加以运用。儿童将很快习惯被包裹的感觉并迅速进入梦乡。

🔔 特别要注意的事情

- 尽管包裹对很多儿童来说很有效,但对一些身体接触很抗拒的儿童可能并不适用。
- 很多自我规范类活动的主要目标是为了帮助儿童和成人快速找到一个能使儿童安静下来的方法,并让儿童学习如何安慰自己。

掌握了吗?

当被包裹时,儿童能安静下来。

## 72. 能自我安慰

我们为什么这样做?

帮助儿童形成自我抚慰情绪的技能。

**儿童需要准备的**

无。

**成人需要准备的**

无(除非儿童有特别喜欢的玩具)。

## 开始玩吧！

- 当儿童不饿却显得非常不安的时候，请先给儿童几分钟让他自己安慰自己。
- 有节律的吮吸能够为大多数的婴儿提供安慰。很多儿童会将他们的手指或者拳头放到嘴中吮吸，来安抚自己。另一些儿童可能喜欢吮吸衣袖或小毛巾，并会学着将这些东西拿到嘴边。
- 如果儿童并不通过上述的方式来安慰自己，你可能需要帮助儿童把他的手放到嘴巴里，或者你可能需要为他提供一块小毛巾或小手帕。

## 🔔 特别要注意的事情

- 请确保儿童喜欢用于安慰自己的物品是儿童所能拿到的。
- 成人可能需要明确儿童喜欢何种类型的音乐。一些节奏舒缓、有固定节奏的沙发音乐可能能很好地满足儿童安慰自己的需要。
- 吮吸物品的自我安慰方式适用于婴幼儿，对于年纪渐长的儿童，则需要帮助他们发展其他的自我安慰技能。

## 掌握了吗？

当儿童不安时，基本能够在几分钟之内安慰自己。

## 73. 我不是粘人宝宝（能自己短暂地玩一会玩具）

**我们为什么这样做？**

培养儿童的独立性与安全感，让儿童学会自己消磨时间，进行有意义的娱乐。

**儿童需要准备的**

儿童已经有几个自己比较喜欢的玩具。

**成人需要准备的**

多种多样选来用于儿童游戏的玩具。

**开始玩吧！**

- 留出专门区域用于儿童玩耍，该区域中有儿童喜欢的玩具或物品。
- 确保儿童是舒服的，如有必要可帮助儿童坐稳。
- 告诉儿童你需要忙一会，但是就在儿童身边，让儿童自己玩一会。
- 让儿童开始游戏，成人可以在该房间内开始自己的事情，如阅读、写笔记等。

第三部分 | 做一做，让宝宝快快长大！

- 如果儿童不再继续游戏，试着给他另一个玩具。

🔔 特别要注意的事情

- 在一天中给儿童提供几次玩玩具的机会。
- 确保玩具是儿童能够拿到的。
- 寻找那些儿童非常喜欢的玩具。儿童常常在这个阶段表现出对某些玩具的偏好。

掌握了吗？

儿童在一周内能独自玩耍几次，每次至少5分钟。

## 74. 自己玩玩乐-1(能自己游戏一会)

我们为什么这样做？

在同一房间内，儿童能在离成人一定距离处自己玩一会。

**儿童需要准备的**

独自投入游戏的能力。

**成人需要准备的**

多种儿童喜爱的玩具。

开始玩吧！

- 设置一个在多个区域都有儿童喜欢的玩具或吸引儿童活动

的房间。

- 这个房间内,儿童离照料者所处的位置有一定的距离,儿童独自一人留在玩具附近。
- 成人可以做一些自己的事情,观察儿童是否能自己玩玩具。
- 如果儿童不参与任何的游戏,成人可以先跟儿童一起玩一会,鼓励儿童参与游戏。
- 等儿童进入游戏之后,再渐渐离开儿童。

🔔 **特别要注意的事情**

- 在成人休息或工作的房间的某个角落,放置一些儿童喜欢的玩具。
- 教师也可以在教室内设置儿童游戏角落。

**掌握了吗?**

在同一房间内,儿童能离开照料者一段距离玩游戏。

## 75. 自己玩玩乐-2(能自己游戏一会)

**我们为什么这样做?**

儿童能从玩具箱或玩具架上自己取玩具玩。

> **儿童需要准备的**
>
> 儿童已经能够歪歪斜斜地走路。
>
> **成人需要准备的**
>
> 一个固定放玩具的玩具盒或玩具架,玩具盒或玩具架是儿童能够轻易够到的。

**开始玩吧!**

- 让儿童意识到可以从某个固定的地方取玩具玩(如玩具盒、玩具架等)。

- 当儿童无事可做来黏着你的时候,引导儿童去放玩具的地方。

- 鼓励儿童从多种玩具中选择自己喜欢的玩具。当儿童选定某个玩具之后,鼓励儿童将玩具从玩具盒中拿出来,或从玩具架上拿下来。

- 如果儿童继续过来粘着成人,鼓励儿童再去选一样玩具,问问儿童,"你玩好这个玩具了吗?""你现在想玩什么玩具呀?是××吗?"

- 当儿童开始独自一人玩玩具时,就对儿童进行表扬。

- 同时确保成人是在儿童身边的。

# 如何 发展自闭谱系障碍儿童的自我照料能力

**我们还可以这样玩！**

- 这个活动不仅可以在家庭中进行，也可以在其他儿童照料场所进行。

🔔 **特别要注意的事情**

- 当儿童玩完玩具，要求儿童一起帮助把玩具整理好，这不仅可以帮助儿童意识到游戏结束了，也能帮助儿童养成良好的整理习惯。

- 每次至多允许儿童同时玩两个玩具，不要让儿童在多个玩具之间随意更换。

**掌握了吗？**

儿童能够自己从经常放玩具的架子上拿玩具玩。

## 76. 自己玩玩乐-3(能自己游戏一刻钟)

**我们为什么这样做？**

培养儿童独自玩 15 分钟的能力。儿童有自我游戏的能力，是家长从繁重照料中解放出来的前提之一。

| 第三部分 | 做一做，让宝宝快快长大！

**儿童需要准备的**

无。

**成人需要准备的**

多种儿童愿意用来玩耍的玩具。

### 开始玩吧！

- 设置一个有多种儿童喜欢的玩具的区域。确保儿童是舒适的（如帮助儿童坐稳等）。给儿童在选定区域内独立玩耍的机会。
- 家长先帮助儿童开始某一项游戏，然后退出游戏，走到另一个房间内，或在同一个房间内做其他的事情。
- 不定时地观察儿童玩耍的情况，并对儿童进行表扬，"玩得真不错"。
- 当发现儿童只是傻坐着，或儿童变得有些紧张的时候，引导儿童开始另一项游戏，或者让儿童离你更近一些。

### 🔔 特别要注意的事情

- 夸奖应是在儿童真正玩耍的时候进行的，当儿童只是傻坐着的时候不进行表扬。
- 在家中，将玩具装在一个能拿到各房间的篮子中是非常有帮助的。此外准备一个装有一些玩具的袋子，确保儿童在户外时也能有玩具可以玩。

- 如果在自由玩耍时间内发现儿童的自我刺激行为,给儿童寻找更好玩、更有吸引力的玩具,选择一些能满足儿童自我刺激需要的玩具,也是一个不错的方法。如对于视觉刺激有特殊需求的儿童,可以让其玩一些带有闪光的电动玩具。

**掌握了吗?**

儿童每周能有几次独立玩耍,每次在15分钟以上。

## 77. 各归其位(整理玩具)

**我们为什么这样做?**

让儿童在整理玩具中,学会简单地整理物品。

**儿童需要准备的**

儿童认识一定的玩具,良好的肢体运动能力。

**成人需要准备的**

无。

**开始玩吧!**

- 无论是在家中还是其他团体活动项目中,当玩具或其他物品不用的时候应将它们放在特定的地方。

- 开始游戏时,让儿童观看成人是如何将玩具取出来给他们玩耍的,这些玩具是从哪里拿出来的。
- 当整理玩具时,让儿童帮成人把玩具捡起来并放好。观察儿童将玩具放在哪里。
- 如果儿童未能把玩具放在正确的地方,可以这样告诉儿童:"宝贝,这个球可不能放在这里,把它放在柜子最下面好吗?跟其他的球放在一起。"

## 我们还可以这样玩!

- 在日常生活中应让儿童养成在游戏结束后就将玩具放回到玩具所属的地方的好习惯。这样不仅可以让儿童练习如何摆放物品,也可以让儿童养成良好的生活习惯。

## 特别要注意的事情

- 在摆放物品的地方可以贴上相应的图片,这样可以帮助儿童更快地找到物品应该放的地方。在幼儿园这样的标签可能更为重要。
- 将摆放物品的柜子或架子放在该物品经常被使用的地方。如将书柜放在房间里,纸巾盒靠近餐桌,洋娃娃和玩具火车在玩具间内。

## 掌握了吗?

儿童将熟悉的玩具放在正确的地方。

## 78. 和玩具捉迷藏(探索)

**我们为什么这样做?**

通过将他喜爱的玩具放在不熟悉的地方,或将有趣的玩具或材料放在角落里、桌子下、儿童能拉开的抽屉中或其他儿童不常去的地方来鼓励儿童进行探索。

**儿童需要准备的**

无。

**成人需要准备的**

儿童喜欢的玩具若干。

**开始玩吧!**

- 当对家中的家具做一些安全调整之后,向儿童展示玩具以及放置玩具的地方。
- 拿出儿童喜欢的玩具,与儿童先玩一会。
- 之后将玩具藏在儿童能够找到的地方,鼓励儿童去找,"玩具躲起来了,宝贝,快去找一找,去哪里了呢?"
- 当儿童找到玩具时,夸张地做出惊喜的表情,可以让儿童对游戏更感兴趣。

- 如果儿童有困难就即时帮助儿童,提示儿童玩具可能在的地方,"宝贝,玩具会不会躲到沙发下面睡着了呀?"

我们还可以这样玩!

- 带着儿童跟你一起去购物、访友,或带着孩子进入一个新的房间或地方。
- 在公共场所、商场、公园以及其他家庭以外的地方也应允许儿童进行探索,不对时成人应给予指导(应在任何场所都鼓励儿童进行探索,不过成人应警惕可能遇到的危险。在公共场所中,儿童应在成人视力所及范围之内,不应离开成人太远)。

特别要注意的事情

- 请在儿童探索活动之前将房间内可能造成安全问题的物品移开。

掌握了吗?

儿童能在成人陪伴下,在家中或其他陌生环境中,安心地进行探索。

## 79. 探索外面的世界

我们为什么这样做?

帮助儿童独立探索周围的环境,减少儿童在陌生环境中的焦虑

发展自闭谱系障碍儿童的自我照料能力

与恐惧。该活动的目标是儿童能够在不同的环境感到舒适与放松,以及能顺利地完成不同环境之间的转换。

> **儿童需要准备的**
>
> 无。
>
> **成人需要准备的**
>
> 不同的环境(操场、幼儿园、餐厅、便利店、商场)。

**开始玩吧!**

- 计划一系列外出的行程安排,建议从一些比较安静的场所开始。

- 仔细观察儿童对不同环境的反应。如果儿童在刚开始的时候变得紧张与焦虑,或显得过度兴奋,可以给儿童一些他喜爱的玩具,来帮助他缓解焦虑情绪。

- 先带儿童去一些相对比较安静的场所,仅停留不长的时间,简单地和儿童玩1~2个游戏就离开。随后慢慢增加在新环境中游戏的时间。

- 当儿童在一个新的环境中比较舒服地待上一段时间之后,再带儿童到第二个新的环境。

**我们还可以这样玩!**

- 邀约其他的父母与儿童到公园,鼓励儿童一起玩游戏,但成人并不参与。成人在儿童玩的时候给予言语关注,如提示与鼓励等。可逐渐让儿童玩一些活动范围大的游戏。

🔔 **特别要注意的事情**

- 每个儿童的脾气和适应性都非常不一样。对很多儿童来说这个活动并不会引起儿童的不良反应,但是对一些儿童来说去新的地方是一件不能忍受的事情,甚至因此而大发脾气。

**掌握了吗?**

儿童在新的环境中都能保持愉快放松的心情。

## 80. 小兔过马路

**我们为什么这样做?**

帮助儿童了解过马路时,交通信号灯的规则。

---

**儿童需要准备的**

颜色认知,四肢运动能力。

**成人需要准备的**

红、黄、蓝三色圆形卡片若干。

---

**开始玩吧!**

- 儿童与家长相距10米远,先让儿童手拿三色卡片,扮演信

## 如何 发展自闭谱系障碍儿童的自我照料能力

号灯，成人扮演小兔。

- 确定游戏角色之后，扮演信号灯的人拿好信号灯并发出口号："红灯停，绿灯行，黄灯请你等一等。"并随意拿出其中一张卡片，展示给对面的小兔。

- 小兔看到信号灯的卡片之后，要回答信号灯的颜色，"×灯亮了"，如果是红色，则小兔需要在原地单腿跳动5下；如果是黄色卡片，则进行下一轮；如果是绿色卡片，则小兔需要双腿跳到对面，相互交换角色。

- 换由儿童做小兔进行上述游戏。

- 要求游戏中儿童正确地对不同的信号灯做出指示。成人扮演小兔时可有意地出错，让儿童纠正。

**我们还可以这样玩！**

- 这个活动的目标是为了帮助儿童记住三种不同颜色信号灯的意义，同时也涉及儿童的粗大运动。可以穿插在干预活动中，作为不同形式的活动进行转换。对于粗大动作发展较为缓慢的儿童来说，也可以将单腿跳以及双腿跳的内容修改得简单一些。

🔔 **特别要注意的事情**

- 可以在日常生活中陪伴儿童过马路时，给儿童再次讲解信号灯的规则。真实的情境对于儿童来说更容易理解。

**掌握了吗？**

儿童能在过马路时注意到信号灯，并了解其意义。

## 81. 安全的世界（规避危险）

**我们为什么这样做？**

避免一般的危险（碎玻璃、高处、繁忙的街道、大型动物）。

**儿童需要准备的**

儿童具有一定的语言理解能力。

**成人需要准备的**

无。

**开始玩吧！**

- 当成人在做事情的时候就跟儿童讲做这件事情时应注意的安全问题。比如，当你带着儿童过马路的时候，跟儿童讲："我们必须仔细看看有没有车辆经过，左看看，右看看，你看有车子过来了吗？没有，那我们就穿过马路。"

- 用图片为儿童展示可能带来危险的事情，并告诉不能这样做的理由。如不要使用小刀，因为你可能会割破自己的手指。有些狗狗很可爱不咬人，但是有些狗狗很凶，会咬人。

## 如何 发展自闭谱系障碍儿童的自我照料能力

因为我们不认识那条狗狗,我们还是不要去摸他,它可能会咬你哦!

- 如果儿童正准备从事一些比较危险的活动,请冷静而坚决地阻止他,并向他解释为什么不能这样做。如果儿童坚持要做,并造成了一些伤害性的后果,告诉儿童应对这些事情负责,和儿童一起处理造成的结果。

- 不要过早地阻止儿童从事某项活动,因为儿童可能因此失去作出正确选择的机会。如果成人或者儿童打碎了一个玻璃杯,不要急着将碎玻璃清扫干净,看看儿童是否会接近碎玻璃。如果儿童躲开了碎玻璃,或者儿童采取了其他适当的行为,对儿童进行表扬:"做得很好,妈妈等会会来清扫的,宝宝爬开就好了。"

### 我们还可以这样玩!

- 在集体环境下,花费一定的时间对安全规则进行强化。成人最好每周花一定的时间来帮助儿童巩固学校设定的安全规则。如:我们在大厅里应该怎么做,我们可以跑吗?不,我们只能慢慢走。为什么我们不能跑?因为我们会摔倒或受伤。

### 🔔 特别要注意的事情

- 有些儿童天性会比其他儿童更加活泼和多动,他们更可能不假思索地就去从事一些危险的活动。对这些儿童的安全一定要引起特别的注意,保持冷静,告诉儿童为什么要遵从这些安全规则也非常重要,成人也应对儿童何时开始遵从这些安全规则进行关注。

## 掌握了吗?

在大多数的时候,儿童能够避免一般的危险情境。一般来说你阻止儿童从事不安全的活动的频率不超过每周一次。

## 82. 我们都是好朋友(与其他儿童一起玩)

## 我们为什么这样做?

在3~4岁,儿童应具备良好的情绪行为,能够与其他儿童一起玩一会,这是儿童发展友谊、丰富未来生活的基础。

**儿童需要准备的**

儿童简单的交往能力。

**成人需要准备的**

无。

## 开始玩吧!

- 开始时,先让儿童与其他两三个儿童一起待一段较短的时间。成人应事先准备一些玩具,如积木、玩偶、拼图等。
- 如果儿童在同其他儿童玩时表现出犹豫,让一个家长待在

## 如何 发展自闭谱系障碍儿童的自我照料能力

离儿童不远处,或让儿童带着他喜欢的玩具对儿童参与群体游戏会有帮助。

- 这个阶段,儿童一般还不能与其他儿童真正地一起玩一项游戏,大多只能各自玩各自的。
- 如果儿童在一起能够玩一会,成人可以适当地表扬他们,为他们提供一些好吃的,让儿童更有动力继续在一起玩。

🔔 特别要注意的事情

- 独生子女可能在一开始比非独生子女在参与群体活动中遇到更多的困难。如果儿童是独生子女,考虑每周至少一次带儿童参与一些小组游戏。
- 如果儿童的游戏技能存在落后,可考虑让儿童与较小年龄的同伴一起游戏。

掌握了吗?

儿童能在熟悉的场景中,与其他儿童坐在一起玩一会。

### 83. 这个玩具该怎么玩呢?(能功能性地使用玩具)

我们为什么这样做?

帮助儿童对玩具产生兴趣,能对玩具进行简单的探索,知道玩具该怎么玩。

> **儿童需要准备的**
>
> 无。
>
> **成人需要准备的**
>
> 一些儿童可能喜欢的玩具,如发条玩具、拼板、积木等。

**开始玩吧!**

- 当儿童得到新玩具,或拜访有与他不同玩具的儿童时,向儿童展示这个新玩具是怎么玩的,主要用来干什么。一边展示,一边用语言向儿童解释。

- 儿童会对玩具感到好奇,或用其他的方式玩玩具。

- 儿童可能没有用你展示的方式玩玩具,甚至用不恰当的方式玩玩具。除非儿童玩玩具的方式会给儿童带来危险,或严重损坏玩具,如砸坏玩具、将玩具拆开等,请不要干扰儿童探索玩具的过程。当儿童损坏玩具时,跟儿童讲:"玩具可不是用来扔的,否则它会坏掉的,你看它应该这样玩。"

- 当儿童多次探索玩具,还是不会玩的时候,成人应该手把手地帮助儿童学会如何使用这个玩具。

**我们还可以这样玩!**

- 当你处理日常事务时,可以选择一些儿童能够参与的活动让儿童参与。向儿童展示不同的物品是用来干什么的。

## 如何 发展自闭谱系障碍儿童的自我照料能力

如：教儿童在小房间内扫地，将杂物整理好，将硬币放入储蓄罐，这些都是教给儿童日常活动技能的好机会。

🔔 **特别要注意的事情**

- 当儿童出现破坏玩具的行为时，家长必须及时制止。
- 如果玩具对儿童来说太难，儿童不会玩，请用其他适合儿童年龄的玩具来吸引其注意力。

**掌握了吗？**

儿童能够基本知道某个玩具可以用来干什么，不能用来干什么。儿童喜爱探索新玩具，但是会比较小心地探索，但不会将它们损毁。

### 84. 乖乖听话(听从指令)

**我们为什么这样做？**

帮助儿童学会遵从成人给予的关于活动或游戏的规则，这是儿童将来社会参与的重要基础。

**儿童需要准备的**

儿童能理解语言与简单指令。

**成人需要准备的**

一些有简单规则的游戏、活动。

## 开始玩吧!

- 当开始一项新的活动,如逛超市,以简洁的语言告知儿童活动的规则。也可以以图片或绘画故事的形式呈现活动规则。

- 以逛超市为例,首先向儿童说明那里有很多东西,但是不能乱拿。超市里有很多陌生人,必须紧紧抓住妈妈的手。

- 在真正去逛超市的时候,成人可以一边逛,一边再次跟儿童强调逛超市的基本规则。

- 在儿童玩新的游戏时,成人也应该向儿童清楚地解释游戏规则,并演练。

- 在儿童不遵从规则时,成人必须弄清儿童是不愿意玩这个游戏,还是不理解规则。

## 特别要注意的事情

- 在幼儿园中可以让儿童玩一些比较简单的团体游戏,如接龙、轮流搭积木、击鼓传花等游戏。一些需要其他儿童模仿领导者的群体游戏也是教授规则的好方法。这类游戏能帮助儿童理解遵从游戏规则的重要性。

- 儿童愿意遵从规则的前提是儿童喜欢这个游戏或活动,因此在开始这个活动之前,先要让儿童对活动感兴趣。

## 掌握了吗?

儿童能遵从成人给出的大部分游戏规则,并且儿童时常是愿意

如何 发展自闭谱系障碍儿童的自我照料能力

遵从游戏规则的。

### 85. 是新的一天！(适应日常规则的改变)

**我们为什么这样做？**

帮助儿童适应日常规则的改变，发展儿童对生活常规改变的适应性。

> **儿童需要准备的**
> 
> 儿童已经适应了目前的生活安排与日常规则。
> 
> **成人需要准备的**
> 
> 一本日历。

**开始玩吧！**

- 首先儿童已经非常适应当前的生活常规，并且这个常规也已经成为家庭生活和幼儿园的一部分。
- 成人选择一个合适的时机，如生日、节假日等，对生活常规做一些改变。如去一家新的商场，走一条新的马路。
- 提醒儿童改变的到来。如在放假前一天提醒儿童，明天没有课是放假，当接儿童回家时，告诉儿童妈妈要去买菜，所以我们要先去菜场再回家。

- 对于变化的适应有困难的儿童,也可以提前用绘本故事为儿童讲解新到来的改变。
- 给儿童一个小小日历本,在日历本上标明儿童今天要做的事情,以及这一周要做的事情,对于儿童接受变化会有很大的帮助。

### 特别要注意的事情

- 儿童对常规改变的适应性各不相同,一些儿童能很快适应常规的改变,但另一些儿童则可能需要更多帮助。
- 小小日历本对于帮助儿童理解在何时作何事有很大的帮助,特别是在生日、假期、寒暑假等。
- 在教室中摆放一本日历本,也能帮助儿童更多地了解今天要发生的活动及其顺序,也能帮助儿童及早了解到对常规所做的改变。

### 掌握了吗?

在稍作提醒或准备之后,儿童能够适应生活常规的调整,能够适应活动规则的改变,不会因为新的改变而大哭大闹。

## 86. 安全知多少

### 我们为什么这样做?

帮助儿童了解安全常识,培养儿童的安全意识。

## 如何 发展自闭谱系障碍儿童的自我照料能力

**儿童需要准备的**

儿童对于危险的意识有所萌发。

**成人需要准备的**

无。

**开始玩吧!**

- 寻找机会向儿童解释各种安全规则。如在穿马路时要先左右看看,没有车子来往才能穿过去。在过马路的时候,你要拉着大人的手才安全。车子很大,开得很快,有可能会撞伤你呢。

- 常常向儿童解释为什么要遵守相应的安全规则,并尽可能抓住机会在真实场景中跟儿童强调这些规则。

- 偶尔通过向儿童提问关于安全规则的问题,来检查儿童是否真的掌握了相应的安全规则。如为什么你要××××,为什么不××××。

**我们还可以这样玩!**

- 你也可以自己制作一些小故事,向儿童讲述有关遵守安全规则的故事。故事一般由3~6张图片组成。

- 对那些理解卡通人物故事有困难的儿童,可以将儿童本人作为主人公,也可以在真实的环境中解释安全规则。

- 可以向儿童多次讲述这些安全故事,然后让儿童试着向你讲述这些故事。

🔔 特别要注意的事情

- 尽量使用儿童能够理解的语言来解释规则。自闭症儿童由于存在语言发展方面迟缓的问题,家长应确保儿童确实理解了规则。

掌握了吗?

儿童能回答五个以上的有关安全的问题。

## 87. 搬运蛋宝宝

我们为什么这样做?

帮助儿童练习手部力量的控制,为轻柔地抚摸动物做好准备。

---

**儿童需要准备的**

儿童能够稳稳地走路。

**成人需要准备的**

一个鸡蛋(或空鸡蛋壳)。

---

开始玩吧!

- 儿童与一位成人分别站在房间的一端,另一位成人作为儿

## 如何 发展自闭谱系障碍儿童的自我照料能力

童的指导。

- 向儿童演示如何小心翼翼以及轻轻地拿易碎物品的动作，向儿童解释重重地拿和轻轻地拿之间的区别。
- 将鸡蛋小心地放在儿童与一位成人的手上。告诉儿童："不要将蛋宝宝掉在地上，否则蛋宝宝就会哭的。"
- 成人与儿童比赛，谁先将蛋宝宝运到房间的另一端，跑得快的就是胜利者。

**我们还可以这样玩！**

- 如果有多个人参与活动，也可以将跑步比赛改为接力赛，不过需要在传递蛋宝宝的时候加以指导。
- 家中的宠物或幼儿园中饲养的小动物常常可以帮助儿童学习如何温柔地对待动物。有机会的话，就让儿童去拍拍小动物，或去拿取一些易碎的物品，如玻璃杯子等。

**🔔 特别要注意的事情**

- 最好使用空的鸡蛋壳，这样就能很好地避免摔碎鸡蛋后带来的不必要的烦恼。

**掌握了吗？**

儿童在对待动物和易碎物品时能够小心翼翼，成人对儿童接触宠物和拿易碎物品不再感到担心。

## 88. 开饭喽,我来帮忙(摆放餐具)

**我们为什么这样做?**

了解各类餐具所应摆放的位置,儿童能正确地摆放所有的真实餐具。

**儿童需要准备的**

拿握餐具的技能,良好的身体移动能力。

**成人需要准备的**

盘子垫,筷子,勺子,碗。

**开始玩吧!**

- 在就餐开始之前,让儿童参与简单的餐桌布置的任务,不仅能帮助儿童知道接下来的时间是就餐时间,还能帮助他学习一些基本的家务工作。
- 开始吃饭前,先告诉儿童:"今天要帮妈妈一起来做准备,放盘子哦!"然后引导儿童摆好盘子、餐垫等。
- 先让儿童把盘子垫放在桌子上,给每个位置上放好碗,以及筷子。
- 家长可以在相应的座位上贴上相应成员的小标签,这样能够帮助儿童分清哪里该放什么。

- 刚开始的时候可以家长和孩子一起摆放餐具,之后渐渐让孩子自己来完成整个摆放的活动。

我们还可以这样玩!

- 家长有时可以除了某个餐具之外全都摆放好,让儿童来想一想还要摆放什么。

🔔 特别要注意的事情

- 如果儿童总是记不住究竟要摆放哪些物品,可以为儿童制作一些图片帮助儿童记忆物品摆放的位置,也可以在相应的地方贴上相应的图片,这样儿童就容易找到。
- 不要忘了对儿童的成功给予鼓励哦!

掌握了吗?

儿童能够将餐具正确地摆放在餐桌上。

## 89. 家长小助手(完成一些简单的家务)

我们为什么这样做?

儿童能在提示下,完成一些简单的家务,这能养成儿童良好的参与家务劳动的习惯,也为未来独立生活打下基础。

| 第三部分 | 做一做，让宝宝快快长大！

**儿童需要准备的**

儿童有良好的移动能力，手部的精细动作。

**成人需要准备的**

无。

**开始玩吧！**

- 为儿童列一张他可以完成的家务单，一般2~3个任务即可，如帮助摆餐具、倒垃圾、收拾玩具等。这个年龄阶段儿童能够完成的典型活动包括喂宠物狗、放好不易碎的餐具、折叠毛巾、取报纸、收信等。
- 在每个家务开始的时候，提醒儿童他需要做的事情，如有任务单，可以指点任务单上的图片或文字给儿童看。
- 从向儿童展示这个任务开始，成人应和儿童一起完成这个任务，进行多次。当成人觉得儿童已经能够独立完成这个任务的时候，渐渐减少成人的帮助。
- 这些活动能够帮助儿童建立起对自己能力的自信心和自我责任感。

**我们还可以这样玩！**

- 在教室中，以一周为单位给儿童布置相应的任务，每周轮换。轮换可以培养儿童完成多项任务的能力与责任，也能

## 如何发展自闭谱系障碍儿童的自我照料能力

避免儿童因为过度沉溺于某一项活动而不愿意学习和完成其他任务。

- 一个图片表格也能很好地帮助儿童明白他所需要完成的任务是什么。

🔔 **特别要注意的事情**

- 家中最好有一张任务分配表,规定每个人应该完成的任务,可以用图片的形式来帮助儿童明白他所需要完成的任务是什么。如果儿童能完成当天的任务,就在儿童的日历本上画上一个五角星。

**掌握了吗?**

儿童能基本完成一项以上的日常家务(可以提示与帮助)。

## 90. 有人来啦!(回应门铃)

**我们为什么这样做?**

教授儿童正确回应门铃,既有礼貌,又能注意安全。

**儿童需要准备的**

无。

**成人需要准备的**

无。

## 开始玩吧!

- 一位家长站在门外,按门铃。
- 一位家长示意儿童去开门,若儿童没有反应,则可以告诉儿童:"有人来了,快去看看。"
- 若儿童仍然没有反应,则可以拉着儿童的手走到门口。
- 问一问:"是谁来了呀?"
- 等外面人回应了,听到是爸爸、妈妈、奶奶等熟悉人的声音,才能开门。否则就不开门。
- 之后逐渐减少辅助,让儿童自己来处理敲门声。
- 当儿童能做出正确的反应时,一定要给予儿童鼓励与夸赞。

## 我们还可以这样玩!

- 当家长下班回来的时候,可以敲门或按门铃,让儿童来开门。
- 可以先教儿童学会从猫眼里面辨认门外之人是否认识,再教儿童回应门铃的技能。

## 🔔 特别要注意的事情

- 确保有家人在的时候进行这样的活动。

## 掌握了吗?

当门铃响起时,儿童能向父母示意,或自己跑去回应门铃。

如何 发展自闭谱系障碍儿童的自我照料能力

## 91. 买卖游戏

**我们为什么这样做？**

掌握买卖过程中询问价格的对话内容，为之后儿童去买东西做好准备。

> **儿童需要准备的**
> 
> 儿童有去商店、便利店购物的经历。
> 
> **成人需要准备的**
> 
> 各类玩具，小篮子，旧的电话机或其他可以模拟收银机器的物品。

**开始玩吧！**

- 儿童扮演顾客，一位家长扮演售货员，一位家长从旁边指导儿童。

- 儿童每次选择一个自己喜爱的物品，询问售货员："请问，这个多少钱？"

- 售货员拿着扫描的机子（用旧电话机的听筒）将货物一扫，回答："这个××元。"儿童说："谢谢！"将钱币递给售货员。

- 售货员拿好钱，再把零钱找给儿童。提醒儿童拿好零钱和买的东西。

- 熟悉了顾客的对话之后,家长与儿童相互换角色。儿童来扮演售货员,一位家长来扮演顾客。重复以上对话。当儿童能够顺利完成的时候,对儿童进行夸赞"宝宝真厉害,会买东西啦"等。

🔔 **特别要注意的事情**

- 可以逐渐增加每次购买的玩具的数目,或者让儿童挑选出指定的玩具,来玩买卖游戏,使得游戏更具有吸引力,形式更多样。

**掌握了吗?**

儿童能熟练掌握以上买卖游戏的对话。

## 92. 能在便利店购买简单的物品

**我们为什么这样做?**

熟知购物的基本过程,能在商店中买东西。

**儿童需要准备的**

掌握买卖游戏的基本内容,了解购物的基本流程。

**成人需要准备的**

少许钱。

发展自闭谱系障碍儿童的自我照料能力

**开始玩吧！**

- 当儿童已经能够在家中完成买卖游戏的时候，建议当成人去购物时，带着儿童一起去。这样可以提供机会，让儿童观察成人是如何付钱以及收到找零的。

- 给儿童几个硬币，让他来跟着成人练习这个过程，可以让儿童排在你后面，为他喜欢的东西付钱，如口香糖、水果、小型玩具等。

- 如果儿童不知如何将钱和货物交给收银员，以及拿取找零的话，成人就应给予必要的帮助。

- 逐渐减少帮助。可以在家周围的便利店中帮助儿童练习这个活动。

**我们还可以这样玩！**

- 在家中或者学校里，成人可以跟儿童玩一些买卖游戏，让儿童来练习购买、付钱、找零的过程。儿童可以扮演顾客以及收银员等不同的角色。

**掌握了吗？**

在成人陪同下，儿童能在三个以上不同的商店中购买小物品。

## 93. 叮铃铃,电话铃响了(能接听电话或叫他人接电话)

**我们为什么这样做?**

在电话铃声响起时儿童能用简单的对话进行回应,培养儿童的沟通与应答能力。

**儿童需要准备的**

简单的语言技能,儿童已经有过接听电话的经验。

**成人需要准备的**

电话或手机。

**开始玩吧!**

- 安排一位成人与儿童练习打电话。
- "叮铃铃"电话铃声响起,成人将电话或手机给儿童,让儿童接听电话。
- 让儿童将电话听筒放在耳边,话筒对着嘴巴,然后说:"你好!请问找谁呀?"
- 让儿童在电话中与对方练习简单对话,如相互询问身体好不好等。
- 注意让儿童学会去叫需要接听电话的成人,让成人来继续接听电话。

**我们还可以这样玩！**

- 在幼儿园中使用那些看起来比较逼真的玩具电话机,让儿童来轮流练习打电话和接电话。
- 让一位亲戚在每天或每周固定的时间打电话过来,来帮助儿童练习如何恰当地接电话。

🔔 **特别要注意的事情**

- 让儿童学会不要在电话中泄露如看护人不在、家庭具体住址等个人信息。
- 最好找一些熟悉的人打来电话,让儿童来联系如何接电话。

**掌握了吗?**

儿童能够正确地接听电话,如有需要,能叫相应的人来接电话

## 94. 稻草人(学会安静等待)

**我们为什么这样做?**

帮助儿童学会安静等待。

> **儿童需要准备的**
>
> 良好的平衡能力,四肢运动能力,对游戏规则的理解。
>
> **成人需要准备的**
>
> 无。

**开始玩吧!**

- 可以多个人一起参加,刚开始玩的时候,可以成人先喊口号:"山连山,水连水,我们都是木头人,一不许动,二不许说话,三不许露出小白牙,最后只能动一下。"
- 在喊玩口号之后,大家就要保持一动不动,哪个先动了,游戏就结束了。
- 对先动的人给予小小的"惩罚",如挠痒痒等。
- 当玩的次数比较多之后,可以让儿童自己来喊口号,成人只需给予少许提示即可。
- 当儿童的能力逐渐提高时,可以在最后一个人动了之后,再结束游戏,并给最后一个人奖励。

🔔 **特别要注意的事情**

- 如果儿童的语言能力较弱,成人可以选择比较简单的口号,如:"我们都是木头人,不许说话不许动!"也可以自己改编适合儿童的口号。儿童坚持不动的能力可能没有那么好,其他人应该创造一些让儿童赢的机会,如放宽游戏标准,允许微小移动,其他人的"意外"失败。这样一则可以提高儿童对于游戏的兴趣,二则可以提升儿童的自信心。

**掌握了吗?**

儿童能够坚持玩这个游戏两分钟。

## 95. 名字游戏

**我们为什么这样做?**

关注他人可以从关注他人的名字开始,此游戏借助于皮球来唤起儿童对他人姓名的关注。儿童在长时间的注视和等待轮流的过程中慢慢理解了等待的规则,也增强了保持注意力的能力,此外这个游戏还帮助儿童记忆他人的姓名,如果儿童记忆力出色的话,参与游戏的人还可以变换新的"代号"。

**儿童需要准备的**

传球的技能,识记能力。

**成人需要准备的**

球。

**开始玩吧!**

- 参加游戏的人围成一个圆。如果参加游戏的某个儿童需要身体的支持，可以让他坐在成人的双腿之间，也可以让他紧挨着成人或者其他的儿童坐。

- 给每个儿童戴上蔬菜帽子，他们现在就有了自己的代号，成为一种蔬菜。
- 参加游戏的人要不断地变换球滚向的对象，在滚动球之前，投球者要说出接球人的代号，并注视着接球人。
- 抛球人快速数"1，2，3"，与此同时，接球人伸出双手，做接球状，抛球人把球抛出去。
- 此时接球人便成了抛球人，再叫下一个人的名字，把球抛过去。
- 要求儿童要快速传球。

## 我们还可以这样玩！

- 在进行下面的活动之前，先说出每个参加者的名字。
- 参加者站成一个圆圈，并将球随意抛向其他人。
- 参加者站成一个圆圈，并把球传向自己右边的人。

## 🔔 特别要注意的事情

- 有些儿童难以维持坐姿，当这些孩子坐在你双腿中间时，可以适当地施加一些压力来帮助他们，这样他们就能紧贴着你的双腿，不会随意移动或者离开他们的位置。这种紧贴感可以让他们感受到来自身体的反馈，并确保他们可以顺利完成游戏。

## 如何 发展自闭谱系障碍儿童的自我照料能力

- 如果维持坐姿仍然存在困难,可以考虑采用辅助器具。对于那些活动水平很高的儿童,在等待时可以让他们上下跳跃,这种跳跃可以释放多余的能量,使儿童更加容易地参与游戏。
- 特别是在开始时,成人非常有必要说出每个参加者的名字,并帮助某些儿童朝着预设的方向扔球。

**掌握了吗?**

儿童能在叫人名字的时候,将视线转向他人。

### 96. 安静排队

**我们为什么这样做?**

儿童学会安静地等待,能安静地排队等候。

**儿童需要准备的**

无。

**成人需要准备的**

无。

**开始玩吧!**

- 当遇到一些需要排队的活动时,可以带着儿童一起参加。

- 在排队前告诉儿童我们需要等一会才能得到想要的。
- 开始时,成人应陪在儿童身边,当儿童逐渐适应排队的过程时。在儿童排队时,给儿童一些能使其分心的事物,如儿童喜欢的玩具,能帮助儿童更顺利地度过等待的时间。
- 当儿童能够耐心等待时,应给予儿童奖励。如果儿童在队伍中大声叫嚷,应给予安慰,并拿一些儿童喜欢的物品分散其注意力。

🔔 特别要注意的事情

- 在平时儿童跟成人要求某些物品时,成人不要总是马上就给儿童。可以创设情境让儿童稍等一两分钟,再给儿童,让儿童逐渐适应"等待"。
- 当要求儿童等待时,儿童却大发脾气,急着索要物品,此时成人切不可因儿童发脾气或吵嚷而满足儿童,这样会强化儿童的不良行为,应在儿童平静下来之后再满足儿童。

掌握了吗?

儿童能够耐心等待4～5分钟,或能耐心排队。

## 97. 派对计划者

我们为什么这样做?

通过让儿童参与事情的计划过程来帮助儿童应对额外事件带

**如何** 发展自闭谱系障碍儿童的自我照料能力

来的焦虑。

> **儿童需要准备的**
>
> 无。
>
> **成人需要准备的**
>
> 邀请函，马克笔，聚会时所需的物品。

**开始玩吧！**

- 列出一些可能来参加派对的人的姓名，让儿童自己来选择，在相应的名字前面打钩。也可以让儿童自己说出想请来的朋友。

- 将可能选择的物品让儿童来参与选择，如装饰的物品、要准备的糖果、水果等。此时你试着让儿童去想想那些邀请来的人可能会喜欢什么，不喜欢什么。同时可以告诉他，最好选择一些有共同喜好的人来参加。

- 经过上面的考虑，最好将邀请的名单定在3~4个左右，这样规模的派对家长比较应付得来。如果儿童已经能够写字，可以让儿童抄写这些人的姓名于邀请函上，如果儿童还不会书写，你可以打印下来，让儿童贴上去，并告诉他这是谁。

- 选择派对上的活动，让儿童在活动前打钩。请确保你所提供的单子上的活动都是适合在派对上玩的,请尽量避免那些过于复杂的活动。

- 让儿童一起参与派对物品的采买、派对环境的布置。儿童不仅可以学习新的生活技巧,也能帮助儿童增加对环境的控制感。

我们还可以这样玩!

- 让儿童参与计划过程以及最后将这个活动实施出来,是一个帮助儿童减少焦虑的很好的方式。参与计划过程其实是一个帮助儿童管理情绪的策略,因此对于其他一些有关儿童的活动,也可以试着与儿童一起制订计划,如购物时的购物单。

🔔 特别要注意的事情

- 最好在派对中安排一个小角落,当儿童感到沮丧或者烦躁时,能够一个人过去"静一静"。

掌握了吗?

在参与计划后,儿童参与活动能保持一个良好的情绪。

# 如何 发展自闭谱系障碍儿童的自我照料能力

## 五 一些头疼的问题怎么办

### 98. 宝宝要睡觉觉了(入睡不哭闹)

**我们为什么这样做?**

儿童能安静地入睡。

---

**儿童需要准备的**

无。

**成人需要准备的**

安静的房间,灯光昏暗。

---

**开始玩吧!**

- 当儿童有困意,或午睡和就寝时间时,鼓励儿童自己入睡。如果儿童在睡前一直哭闹,成人不能给予太多的关注,可以让他一个人先哭一会,等儿童情绪平静了,再带他去睡觉。

- 在儿童入睡前避免让儿童吃过多的甜食或者从事兴奋性的游戏或活动。
- 将房间的灯光调暗,可以适当地为儿童讲一些睡前故事,或哼唱歌曲来安抚儿童的情绪。尽量让儿童在安静的环境中入睡。
- 非常重要的一点是,完成入睡前常规活动后,成人应该在儿童还未睡着的时候离开。这样可以帮助儿童学会靠自己入睡。
- 当儿童能够渐渐适应自己入睡时,成人要逐渐减少和儿童待在一起的时间。

**我们还可以这样玩!**

- 要坚持严格的入睡前的一些行为要求。父母应简短地告诉儿童在入睡前做到的规范,如睡前不再玩游戏、不再吃东西、不再看电视等,只要做到这几点就能睡个好觉。
- 设定一个合适的上床时间。家长一旦根据儿童的作息时间设定好上床时间,就应每天保持一致,不要轻易改变,这样可以帮助儿童调整内在的生物钟。

**特别要注意的事情**

- 要是儿童经常每天晚上一连好几个小时哭叫,成人要分一下工,一个人晚上照看婴儿另一个人晚上睡觉。丧失睡眠会使人极端疲劳。来自亲戚或者保姆的帮助,可能是使成人能睡上几个囫囵觉的唯一解决办法。

- 如果家中有儿童不熟悉的人来过夜,应当安排儿童在母亲的陪伴下,在夜间值班的保姆上任之前的白天就见到这个陌生人。若不作这样的安排,陌生人的突然出现,会使儿童比平时更加烦躁不安。
- 值得去试试不同的方法,看看有没有能帮助解决婴儿不眠而哭叫的方法。有些婴儿喜欢开着灯,有的喜欢用床单把自己紧紧抱起来,像蚕茧一样。轻轻摇晃儿童也是个比较好的办法。

**掌握了吗?**

儿童能平静地入睡。

## 99. 安静睡觉

**我们为什么这样做?**

消退儿童夜间的问题行为。家长对自闭症孩子迟迟不肯入睡、在半夜三更起床,也可以用消退的方法加以处理。

**儿童需要准备的**

无。

**成人需要准备的**

无。

## 开始玩吧!

- 每天晚上到了上床时间,成人就对儿童强调有关睡觉的要求。

- 在帮助儿童理解这些要求时,可以用洋娃娃作为道具对儿童做形象示范。

- 在晚上上床的时间,成人将儿童放到床上后就离开。如果儿童哭闹,成人就暗中观察但不作明显反应。一旦儿童走出自己的房间,成人应不动声色地坚持将儿童抱回其自己的床上,简单安抚儿童让其再次入睡。

- 儿童如果半夜醒来的话,成人不能总是给儿童喂奶或喝水,除非确定儿童是真饿了。因为有了这样的习惯,儿童会将半夜醒来的时间拉得很长。如果儿童在半夜醒来后自己重新入睡,第二天就可以对儿童进行额外的奖励。

## 特别要注意的事情

- 儿童在以上过程中,可能会出现行为问题的突然爆发,如大哭、大闹等。家长要做好思想准备,并与左邻右舍打好招呼。除非看到儿童有明显的危险,否则对儿童的哭闹行为不作积极反应。

## 掌握了吗?

儿童能够不需要家长的陪伴,自行安静入睡。

如何 发展自闭谱系障碍儿童的自我照料能力

## 100. 睡觉时间的限制与调整

**我们为什么这样做？**

对睡眠时间的限制与调整指的是，先将有睡眠问题的自闭谱系儿童的上床时间和睡觉时间适当地延后，从而达到帮助儿童迅速入睡和减少半夜醒来等睡眠问题。此后再用渐进的方法慢慢地增加儿童睡觉的时间长度。

**儿童需要准备的**

无。

**成人需要准备的**

无。

**开始玩吧！**

- 通过缩短睡眠时长来提高儿童的睡眠质量。成人每天记录儿童每天上床睡觉的时间。

- 为了改善儿童的睡觉质量，成人应把儿童每天晚上的睡觉时间减少为原来时间的90%。例如原来儿童每天晚上睡九个小时，干预开始后儿童的睡觉时间要缩短到八个小时多一点。相应地，如果儿童每天晚上的上床时间为九点半，那么干预开始之后就应调整为十点二十分左右。
- 在晚上九点半以后的近一个小时时间内,成人可以让儿童做一些相对轻松的活动,但不要让儿童上床。在新作息时间下,儿童的睡眠障碍有明显克服并保持7天左右之后,可以再开始逐步增减睡眠的时间。

**我们还可以这样玩!**

- 成人还可以通过延后入睡时间来提高儿童的入睡质量。
- 成人每天晚上观察儿童入睡时间。
- 为了改善儿童的睡眠质量,成人把儿童的上床时间往后推30分钟。如:自闭谱系儿童原本的入睡时间是晚上九点,那么干预开始之后调整为九点半。在这半个小时内,成人与儿童一起进行各种游戏。
- 到九点半才把儿童放到床上。如果此时儿童仍然不能在一刻钟之内入睡,成人应该将儿童从床上抱出来,用与儿童相互游戏的方法,迫使儿童在接下来的30分钟内不能入睡。这在某种意义上算是一种惩罚。久而久之,儿童会明白自己应在上床之后快速睡觉。第二天成人应把儿童睡觉的时间继续向后推迟30分钟,以便进一步增加儿童的睡意。如果儿童能够在5分钟内睡着,则第二天可在前一天睡觉的时间基础上提前三十分钟。

## 如何 发展自闭谱系障碍儿童的自我照料能力

🔔 **特别要注意的事情**

- 在对儿童进行干预之前一定要了解儿童的睡眠需要。

**掌握了吗？**

儿童能在安排的时间内入睡与起床。

### 101. 在助眠物体的帮助下再次入睡

**我们为什么这样做？**

帮助儿童发展一个可以诱导儿童睡觉的物体，帮助儿童养成夜间安静睡觉的习惯。

**儿童需要准备的**

无。

**成人需要准备的**

毛毯等柔软物品。

**开始玩吧！**

- 儿童瞌睡时，给他一条柔软的毛毯，用毛毯轻轻地触摸他的脸，最终毛毯会与睡眠相联系。
- 儿童醒来之后能够借助毛毯重新自行再次入睡。跟这个道理相似的是，可以在睡觉之前为儿童播放轻音乐，渐渐地音

第三部分 | 做一做，让宝宝快快长大！

乐也会与睡眠相联系。

- 昏暗的环境布置，也有助于儿童睡眠。当儿童过早醒来时，不要开灯，也不要给儿童提供任何玩具，所有的环境线索都应该提示儿童应该再睡一觉。

## 掌握了吗？

深夜醒来后，儿童能自己在助眠物体的安慰下再次入睡。

## 102.爱上新食物

### 我们为什么这样做？

自闭谱系障碍儿童常常会挑食偏食，这让成人很头疼。可以用儿童喜欢的食物作为奖励，来鼓励他们吃那些他们不愿意吃的食物，从而改变儿童偏食的习惯。

**儿童需要准备的**

无。

**成人需要准备的**

儿童喜爱的食物，家长为均衡儿童营养而准备的食物。

### 开始玩吧！

- 训练者可以只要求孩子先尝一点点新食物，如蔬菜，然后才

## 如何发展自闭谱系障碍儿童的自我照料能力

让儿童得到自己喜欢吃的食物,如炸鸡块。

- 在刚开始的时候,训练者可以将高欲食物和低欲食物同时放在自闭症儿童能看见的位置,把新的食物用调羹喂给儿童等。

- 只要儿童能吃一点新的食物,就对其赞美有加,同时给予他喜欢的食物。之后逐渐增加喂给新食物的量,儿童在吃逐渐增多的新食物后,才能得到自己所喜欢的食物。

### 🔔 特别要注意的事情

- 自闭谱系儿童在选食范围过窄的问题上,往往显得很顽固,常常宁愿不吃也不愿意碰新食物。因此家长在刚开始使用上述方法的时候会很难,往往出于对儿童"营养"的考虑,而无法坚持。其实家长在这种情况下不必与儿童过于纠缠而可以暂时将儿童喜欢与不喜欢的食物都撤下,等几分钟后再给儿童一次同样的机会。如果儿童还是不愿意碰那些不喜欢的食物,则家长应让儿童明白:这顿饭已经结束了,必须等到下次开饭才能吃。等到下次开饭的时候,孩子可能有点饿了,这是个好机会,儿童可能有比较大的动力去尝试新的食物。

### 掌握了吗?

儿童能逐渐接受新的食物。

# 第四部分

# 资源推荐

**如何**发展自闭谱系障碍儿童的自我照料能力

# 一 推荐儿童书

1.《小熊宝宝绘本》(套装共15册)：涵盖了幼儿生活的各个方面：吃饭、睡觉、洗澡、穿衣、问好、交友等。语言简单凝练，便于儿童识记，动物形象生动传神，广受儿童喜爱。底衬附有指导文字，提醒成人亲子共读时应注意的细节。

2.《考拉宝宝系列》(套装共6册)：主人公考拉宝宝两岁了，她聪明又活泼，喜欢和好朋友皮皮一起探索周围的世界。内容涵盖就餐、洗澡、交友、探索等主题。

3.《自我保护意识培养》：《我不跟你走＋别想欺负我》(套装共2册)：通过主人公吉姆和露露两人的故事，帮助儿童了解自我保护的重要性。

4.《鳄鱼怕怕牙医怕怕》：鳄鱼不想看牙医，但它非看不可。牙医也不想看到鳄鱼，他们是怎么办到的呢？帮助儿童了解保护牙齿的重要性。

推荐家长书目

《儿童成长120——儿童应该掌握的120种成长技能》

《行为与健康——儿童不良行为的早期发现与矫正》

《在游戏中评价儿童——以游戏为基础的跨学科儿童评价法》

《在游戏中发展儿童——以游戏为基础的跨学科儿童干预法》

## 三 推荐 app

1. 找出安全隐患：幼儿安全知识益智游戏

2. My Little Baby——我的小宝宝：一款照料小宝宝生活起居、玩耍陪伴的小游戏

3. 酷狗 Fashion Show：给这只可爱的小狗换上各种衣服、鞋子、帽子和眼镜，让儿童学习衣物搭配

4. WKISS32：给小姑娘换衣服和鞋袜，帮助儿童学习服饰搭配

## 四 推荐网站

1. http://www.hkedcity.net 共融资料馆

2. http://specialchildren.about.com children with special needs

3. http://www.autism-help.org/ A better a future for children with autism

4. http://www.nwresd.k12.or.us/autism/Self-CareandIndependence.html northwest regional education services district self-care and independce